Das Schaf im Wortpelz

Reinhard Schlüter

Das Schaf im Wortpelz

Lexikon der hinterhältigen Beschönigungen

Reinhard Schlüter, geboren 1948, Publizist (u.a. SZ, Psychologie Heute) und langjähriger Autor des Bayerischen Rundfunks. Sein Themen-Spektrum reicht dabei von kulturgeschichtlichen über ethnologische bis hin zu gesellschaftspolitischen Fragen. Reinhard Schlüter lebt in Spanien und in Österreich.

1. Auflage 2009

© Eichborn AG, Frankfurt am Main, August 2009
Umschlaggestaltung: Christina Hucke
Lektorat: Sabine Rock, www.druckreif-rock.de
Ausstattung, Typografie: Tania Poppe
Satz: Fotosatz Amann, Aichstetten
Druck und Bindung: CPI – Clausen & Bosse, Leck
ISBN 978-3-8218- 5709-1

Alle Rechte vorbehalten. Kein Teil des Werkes darf in irgendeiner Form (durch Fotografie, Mikrofilm oder ein anderes Verfahren) ohne schriftliche Genehmigung des Verlages reproduziert oder unter Verwendung elektronischer Systeme verarbeitet, vervielfältigt oder verbreitet werden.

Eichborn Verlag, Kaiserstraße 66, 60329 Frankfurt am Main
Mehr Informationen zu Büchern und Hörbüchern aus dem Eichborn Verlag finden Sie unter www.eichborn.de

Inhalt

Vorwort	7
1. Beschönigung oder Beschwichtigung? Alltags-Euphemismen	16
2. Mit Bauernspeck auf Kundenfang Codierte Lebensmittelsprache	30
3. Im Direktflug zur Strandnähe Reiseprospekte beim Wort genommen	42
4. Von Begrüßungszentren und Erziehungscamps Der Bürokrat lässt grüßen	45
5. Über die Preisanpassung zum Easy Shopping Der Ertrag heiligt die verbalen Mittel	52
6. Sculpturing oder Minilifting? Verschönerung beginnt bei der Sprache	85
7. Diagnose: Maligne Bradyphrenie Spaßsprache »Ärztelatein«	93
8. Über die Zugangsregelung ins Gastland … hin zu weiteren Begriffsverschönerungen	95

9. Vom Diskussionsbedarf zu Maßnahmepaketen   125
Die Schwammsprache der Politik

10. Von der Erfassung zur ethnischen Säuberung   138
Das ABC der Unmenschen

11. Liebhaberobjekte für Schnellentschlossene   146
Codierter Wohnungsmarkt

12. Der alte Bock und der Ehrenlauf   150
Die Sprache des Waidmanns

13. Chirurgische Schnitte und weiche Ziele   153
Militärische Nebelwerfer

14. Anpassung beginnt mit Anpassung   164
Woran wir uns längst gewöhnt haben

15. Von sinkenden Beschäftigungszahlen und steigenden Preisen   182
Nachrichten für Fortgeschrittene

Literaturverzeichnis   192

Stichwortverzeichnis   197

Vorwort

Willkommen in der Welt der Beschönigungen! Oder – wie man ebenso zutreffend sagen könnte – in der Welt der Euphemismen. Denn gar so »schön«, wie der Begriff »Beschönigung« verheißt, sind nur wenige jener vernebelnden, irreführenden, verharmlosenden oder eben beschönigenden Begriffe, die uns umgeben. Jenes euphemistische Vokabular, das Tag für Tag unser Bewusstsein mitprägt und mit dem wir uns, wie es scheint, mehr oder weniger arrangiert haben. Wer nähme noch ernsthaft daran Anstoß, wenn irgendwo ein *glückloser Vorstand* zurücktreten musste, obwohl hier eher von Versagen als von *Glücklosigkeit* die Rede sein sollte. Wer macht sich angesichts *gestiegener Gesundheitskosten* bewusst, dass diese doch in Wahrheit hinaufgesetzt wurden – und dass es sich bei *Gesundheitskosten* zumeist um Krankheitskosten handelt? Und wem fiele bei Begriffen wie *Gleichschaltung*, *Schutzhaft* oder *Euthanasie* noch auf, dass selbst nach über 60 Jahren so mancher NS-Euphemismus nach wie vor ungefiltert das dahinterstehende Unrecht sprachlich verblendet?

Die Rede ist besonders von den Kriegsjahren 1942 bis 1945, als sich die NS-Mordmaschinerie nicht zuletzt hinter Euphemismen versteckte und als in Europa die Kriegspropaganda das öffentliche Bewusstsein lenkte. So war bekanntlich auch auf britischer Seite die dem Ministry of Information unterstellte BBC damit befasst, Informationen über den Kriegsverlauf zu manipulieren. Einer der BBC-Mitarbeiter war der Publizist Eric Arthur Blair, der unter dem Pseudonym »George Orwell« schrieb. Die Gedankenmanipulationen, an denen Orwell zu jener Zeit aktiv Anteil hatte, lieferten dann auch die Inspiration für jenes »Newspeak« (deutsch: Neusprech), das wenige Jahre später in Orwells düstere Utopie *»1984«* Eingang fand.

Zwar spielten zynische Begriffsverdrehungen – wie etwa *Fürsorge* statt Misshandlung – bereits in der totalitären *»Wir«*-Romanwelt Jewgenij Samjatins eine Rolle, zwar dominierte auch in Aldous Huxleys »Schöne neue Welt«-Utopia das beschönigende Motto: »Gemeinschaftlichkeit, Einheitlichkeit, Beständigkeit«, doch wurden erst in der »1984«-Welt des George Orwell die Euphemismen zur zentralen Metapher. Kein negativer Begriff darf dem großen Lauscher »Big Brother« zu Gehör kommen. Was nach allgemeinem Verständnis als »bad« (= schlecht) gilt, wandelt sich umstandslos zu »ungood« mit der Steigerungsform »plusungood«. Selbst beim allerscheußlichsten Vorgang schwingt in »doubleplusungood« noch immer das »Gute« mit. Ein Effekt, der, wenngleich stark abgemildert, auch in unseren gerne verwendeten Adjektiven *unschön*, *unsanft* oder *unvorteilhaft* zum Tragen kommt.

Zweck des Orwell'schen »Newspeak« ist die ultimative Affirmation jedes Bewohners, das »Yes« zu allem, was im Namen des »Großen Bruders« geschieht. Rhetorisches Mittel hierfür sind Dichotomien – das heißt: Es wird das Gegenteil von dem behauptet, was Sache ist. So nennt sich Orwells Kriegsministerium nicht etwa nur Verteidigungsministerium, sondern »Ministry of Love«, und so firmiert das Propagandaministerium folgerichtig als »Wahrheitsministerium«, kurz: »Miniwahr«. Nur einem Schelm fiele dabei die Frage ein, ob ein »Verbraucherschutzministerium« (wie das deutsche), das der Lebensmittelindustrie erlaubt, dem

Verbraucher wichtige Informationen über Lebensmittelinhaltsstoffe vorzuenthalten, nicht ebenfalls einen Hauch jenes Orwellschen »Ministry of Truth« verströmt.

Doch handelt es sich wirklich um Lüge, wenn etwa auf Joghurtbechern *Kohlehydrate* steht statt Zucker? Wenn *natürliches Erdbeeraroma* aus allem anderen stammt als aus Erdbeeren? Wenn Getreidepreise oder Gesetze *harmonisiert* werden, obwohl es in Wahrheit um Erhöhung oder Verschärfung geht? Oder wenn Atommüll *zwischengelagert* wird, obwohl auf absehbare Zeit weit und breit kein Endlager in Aussicht steht?

Von Arthur Schopenhauer stammt die Feststellung, dass in jedem Menschen eine Neigung zur Wahrheit liege, die bei einer Lüge erst »überwältigt« werden müsse. Wenn das so ist, bieten Euphemismen eine ideale Möglichkeit, die Wahrheit auszuklammern, ohne explizit zu lügen. Das geschieht beispielsweise, indem man, wie bei der *Verklappung*, nur den technischen Vorgang beschreibt (das Öffnen der Klappe im Schiffsrumpf) und die schädliche Konsequenz (das Verseuchen der Meere mit Schadstoffen) verschweigt – oder indem man einen konkreten Vorgang nicht durch den zutreffenden, sondern durch einen möglichst allgemeinen Begriff wiedergibt, wie etwa die *Maßnahme*. Auch mit *Anpassung* lassen sich die unterschiedlichsten Vorgänge umschreiben, ohne dass zum Ausdruck kommt, dass es sich dabei um Entlassungen, Preiserhöhungen oder Gesetzesverschärfungen handelt.

Ein weiterer euphemistischer Allgemeinverwender ist die schon erwähnte *Harmonisierung*, die nicht nur im Wörterbuch von Politik und Bürokratie ihren Platz hat, sondern auch in den *Schönheits*-Branche, wo außer von *Harmonisierung* häufig auch von

Inaktivierung die Rede ist – besonders dann, wenn nach einer *Botulinumtoxin-Injektion* bestimmte Gesichtsmuskelpartien gelähmt sind.

Nicht von ungefähr geht bei den kosmetischen »Verschönerern« der optischen Verschönerung oft die sprachliche Kosmetik voraus – und das nicht nur, wenn von *Glättung*, *Sculpturing* oder vom *Konturieren* die Rede ist. Umgekehrt pflegt man die Symptome dort oft pejorativ (abwertend) zu überzeichnen, etwa indem man *Tränensäcke*, *Unterkinnfalten* (die man bis dahin für Grübchen hielt) oder *Krähenfüße* (von denen man annahm, es seien Lachfalten) gnadenlos namhaft macht und sie auf diese Weise machtvoll im Patientenbewusstsein verankert.

Das ist ein Effekt, der auch von Politik und Verwaltung genutzt wird. So werden dort Zuwanderer als *integrationsresistent* bezeichnet, während umgekehrt der *Zuzug* von Familienangehörigen *geregelt* wird, obwohl man ihn in Wahrheit beschränkt. Ein anderes Beispiel: Sicherheitspolitik wird zum *sensiblen Bereich* erklärt, damit die entsprechenden *Volksvertreter* folgerichtig eine *variable* Gestaltung des Grundgesetzes fordern können.

Man muss wirklich nicht das Beispiel des vormaligen US-Präsidenten George W. Bush bemühen, der eigens ein *Büro für globale Verständigung* schuf, um die Mär von Saddam Husseins Atomwaffenprogramm zu verbreiten – dem das Pentagon folgerichtig durch den *Preemptive Strike* (deutsche: Präventivschlag) des Jahres 2003 begegnete. Auch bei uns verstecken sich Demokratie- oder Sozialabbau hinter Begriffsverdrehungen, Verallgemeinerungen, Vernebelung, Verharmlosung und Beschönigung – kurz: hinter Euphemismen.

»Nicht zu täuschen und wissentlich sich nicht zu täuschen, sondern die Täuschung zu hassen, die Wahrheit dagegen zu lieben«, forderte Platon in seiner »Politeia« vom »idealen Staatshüter«. Dabei waren die hellenischen Staats- und Schlachtenlenker des vierten vorchristlichen Jahrhunderts ebenso im Bilde über jene »Ungleichheit der Menschen vor dem Wissen, welches Macht bedeutet« (Platon) wie ihre Kollegen aller folgenden Epochen.

Macht durch Wissen zementierte beispielsweise auch die Position der Kirche im Mittelalter, war doch jahrhundertelang das Schrifttum meist in Latein verfasst – jener Sprache, auf die der Klerus gleichsam ein Monopol hatte. Diesen elitären Code machte sich auch der deutsche Adel ab dem 18. Jahrhundert zunutze, indem er sich durch die französische Umgangssprache zusätzlich von Volk und Dienstboten abhob. Ärzte haben heute durch die medizinische Fachsprache samt ihren Kürzeln eine ähnlich privilegierte Position. Das reizte manche unter ihnen wohl zum Übermut. So entstand eine Art codierte »Spaßsprache«, die dem Patienten bewusst verheimlicht, was der Arzt neben dem offiziellen Befund noch so alles über ihn zu befinden hat. Motto: »Ach wie gut, dass niemand weiß, dass ich ›faeces‹ sag' statt Sch…« Es versteht sich, dass dieser »Rumpelstilzchen-Code« ebenso Eingang in das vorliegende Buch gefunden hat wie manch andere codierte Sprache.

Doch sind wir wirklich nur arme Schafe, die sich von den Mächtigen und Wissenden willenlos anschmieren beziehungsweise »die Wolle übers Gesicht ziehen« lassen, wie die Briten es ausdrücken? Keineswegs. Wo es darauf ankommt, verfügt jede(r) von uns flink über einen passenden Euphemismus. Sei es, dass wir unsere Laster durch Verniedlichung schönen – Beispiel: *Zigarettchen* oder *Schnäpschen*. Sei es, dass wir uns im Stil von Werbeflyern durch

Superlativismen wie *Hammer-*, *Mega-* oder *Wahnsinns-* ausdrücken. Sei es, dass wir Verkehrsgefährdung durch dichtes Auffahren zum *Drängeln* verharmlosen oder das Alter durch eine Fülle von Umschreibungen wegformulieren wie: *Jungsenioren, jugendlich wirkend, jung geblieben* oder *alterslos.*

Als Agents provocateurs dieser »schönen neuen« Begriffswelt und auch des »Schönheits«-Booms agieren eben dieselben Boulevardmedien, die nach Belieben jeden Lufthauch zum *Event* hochjubeln, während sie umgekehrt Skandale auf höchster Ebene durch die Skandalisierung von Nebenereignissen verblenden. Mehr denn je gilt für die Boulevardmedien, was der Medienkritiker Neil Postman Anfang der 1980er Jahre für »das Fernsehen« formulierte: »Problematisch ist nicht, dass uns das Fernsehen unterhaltsame Themen präsentiert, problematisch ist, dass es jedes Thema als Unterhaltung präsentiert.«

So beunruhigt es denn auch nicht so sehr, dass das Unterhaltungsmedium das Außergewöhnliche banalisiert. Was beunruhigt, ist eher jene knallige Verlautbarungssprache in Nachrichten und Magazinen, die *Topterroristen* ranggleich neben *Topstars* stellt und die eine Partei mit einem Anteil von 17,5 Prozent zum *Wahlsieger* erhebt – nur weil sie bei der Wahl den höchsten Stimmenzuwachs verbuchte. Es ist eine Sprache, die Missbrauch und Vergewaltigung zum *sexuellen Übergriff* verharmlost, die *Militärmissionen* gleichrangig neben Friedensmissionen stellt, die Mord und Totschlag hinter der *Bluttat* verschummern lässt, von *Ehrenmorden* schwafelt und die selbst dann noch von der *Ruhigstellung* eines in Haft genommenen Asylbewerbers spricht, wenn diese mit dem Erstickungstod des Festgenommenen endete.

Die unausgesprochene Botschaft des Fernsehens, so der Philosoph Peter Sloterdijk, sei: »Wir kümmern uns um alles. Also braucht sich nichts zu ändern.« Sozusagen das affirmative »Yes« zu allem, was das System erhält – zum Kapitalismus in seiner hässlichsten Ausprägung ebenso wie zur Verstaatlichung maroder Banken. »Ein wirklich leistungsfähiger totalitärer Staat«, schreibt Aldous Huxley im Vorwort zu seinem Roman »Schöne neue Welt«, funktioniere am effektivsten bei Menschen, »die zu gar nichts gezwungen zu werden brauchen, weil sie ihre Sklaverei lieben«. Wie weit die Boulevardmedien einen derartigen Prozess befördern, wie weit ein verbreiteter Eskapismus (Stichworte: Drogen, Sexualisierung, Spaß- und Eventkultur) den Weg in Richtung jener *Schönen neuen Welt* ebnet, wie weit die »behagliche Lust am Nichtwissen« (André Heller) Demokratieabbau und (über-)staatliche Restriktion begünstigt, kann indes nicht Gegenstand des vorliegenden Buches sein.

Hier kann es allenfalls darum gehen, Leserin und Leser für aktuelles und künftiges »Neusprech« zu sensibilisieren. Auch wenn die Zusammenstellung der Stichworte »lexikalisch« erfolgte – im Sinne des altgriechischen Stammworts légein (= auflesen, sammeln, reden) –, kann es sich dabei nur um eine möglichst repräsentative Auswahl handeln. Dass dabei manche Begriffe wegfielen, die das bereits Gesagte im Grunde nur zum dritten oder vierten Mal wiederholen, kann nur im Interesse der Rezipienten sein. So erscheint es etwa nicht nötig, den »Park«-Euphemismen *Entsorgungspark, Fahrzeugpark, Businesspark* und *Industriepark* noch den *Gewerbepark* oder *Technologiepark* hinzuzufügen. Umgekehrt hat es sich der Autor angelegen sein lassen, die zahlreichen Vernebelungs-Synonyme für »entlassen« beziehungsweise »Entlassung« möglichst penibel aufzulisten.

Ansonsten ging es bei der Einteilung in 15 Teilkapitel nicht nur um fachspezifische Zuordnung, sondern auch um die unterschiedliche Gewichtung von Euphemismen. Stünden sämtliche Stichworte alphabetisch geordnet, so würden inkompatible Begriffe wie *Erziehungsurlaub* und *ethnische Säuberung* dicht aufeinander folgen, was am Ende zu eben jener Verwässerung führen würde, der das Buch entgegenzusteuern versucht.

Nichtsdestoweniger verdienen hier auch »weichere« Euphemismen wie etwa *Alkopops, clever sparen* oder das *horizontale Gewerbe* einen Platz – ebenso jene Alltagseuphemismen, die vor allem dazu angetan sind, das fremde oder das eigene Gewissen zu beschwichtigen (Beispiel: *einen über den Durst trinken*).

Wie weit bei der »Waidmannssprache« eine ähnliche Motivation die Feder führte, wenn man dort das Töten, Verletzen, Erschießen oder Erstechen von Wildtieren durch *abfangen, flügeln, erlegen, abnicken* oder *abschweißen* sprachlich verblendet, mögen andere beurteilen. Ins vorliegende Buch fanden diese und andere waidmännische Begriffe auf jeden Fall Eingang. Andere Fachsprachen, wie etwa die der Juristen, wurden hier nur insoweit bemüht, als deren Begriffe in einem allgemein interessierenden Kontext stehen. Immobilienanzeigen und die Reiseprospektsprache können sowohl zutreffend wie auch beschönigend sein – Grund genug, ihnen jeweils ein kurzes Kapitel zu widmen.

Anders verhält es sich mit der codierten Arbeitszeugnis-Sprache. Hier schreibt der Gesetzgeber die euphemistische Verblendung vor, weshalb eine ins Einzelne gehende Wertung an dieser Stelle obsolet wäre. Auch dem Heirats- und Kleinanzeigenmarkt sind – allfälliger Schönfärberei zum Trotz – nur noch wenige Geheimnisse zu entlocken, weshalb hier ebenfalls nur Einzelbeispiele berücksichtigt sind. Umso eingehender wird dafür die Lebensmittelsprache gewürdigt, ebenso die Verkaufssprache, die Sprache der Militärs, der Bürokratie, der Politik und der Schönheitsindustrie.

Für sie wie für alle anderen sprachlichen Nebelwerfer gilt, was Arthur Schopenhauer über die Lüge sagte: »Denn beim Lügen bedarf es eines Motivs. Ein solches kann aber nur der fremde Wille sein.« Es sei denn, man ziehe sich selber »die Wolle übers Gesicht«.

Reinhard Schlüter

> »Die Dinge falsch zu benennen heißt:
> das Unglück der Welt zu mehren.«
> **Albert Camus**

1. Beschönigung oder Beschwichtigung?
Alltags-Euphemismen

Alkopops Sie sind süß, mit Wodka oder anderen Spirituosen versetzt und dürfen trotz poppig bunter Aufmachung nicht an Jugendliche unter 18 Jahren verkauft werden: *Alkopops* – wahlweise auch *Designer Drinks*, *Premix* oder *Ready-to-Drink* genannt. 2003 bekannten sich in einer Forsa-Umfrage 75 Prozent der befragten Jugendlichen zu Erfahrungen mit *Alkopops*. In Deutschland und in der Schweiz wurde daraufhin 2004 eine Sondersteuer auf die poppigen Alkoholika erhoben. Seither ging der Konsum hier wie dort deutlich zurück. Ebenso indes auch in Österreich, wo eine vergleichbare Steuer nie erhoben wurde.

angeheitert Wer *angeheitert* ist, muss deswegen noch lange nicht heiter gestimmt sein. Dafür ist er/sie aber immer alkoholisiert, angetrunken – und manchmal gar betrunken.

ausknipsen Krimijargon für »ermorden«. Andere Euphemismen heißen: *aus dem Weg räumen, beseitigen, auslöschen, das Licht ausblasen* oder *ins Jenseits befördern*.

Bäuchlein, Bauchansatz Verniedlichend für Fettablagerungen im Bauchbereich beim Mann. Die weibliche Entsprechung sind die *Fettpölsterchen*. Wer derlei *Problemzonen* zu Leibe rücken will, kann dies bequem durch *Halbfettprodukte, Glücksdiäten, Anti-Aging-Programme* oder den Besuch einer *Fitness-Oase* bewerkstelligen. Bleibt der gewünschte Erfolg trotz aller Nichtanstrengung aus, so hält die *Schönheitschirurgie* einen *Maßnahmenkatalog* blütenzart anmutender *Anwendungen* bereit – allen voran die *feinstkonturierende Minifettabsaugung.*

beiseite ... gesprochen wird etwa im Boulevardtheater stets dann, wenn der Protagonist dem Publikum etwas mitteilen will, das die Mitspieler sozusagen nicht hören sollen. Eine augenzwinkernde Komplizenschaft, wenn man so will. Auch abseits der Bühne haftet dem Adverb etwas Abseitiges an – außer vielleicht, wenn jemand Geld »beiseitelegt«. Wenn derjenige es stattdessen aber *beiseiteschafft*, so bewegt er sich indes bereits im Krautgarten der Euphemismen. Wer dagegen *jemanden beiseiteschafft* oder *beseitigt*, befindet sich endgültig in der Grauzone volkstümlich/gangstersprachlicher Tarnbegriffe, die da heißen *alle machen, neutralisieren, liquidieren, abmurksen, um die Ecke bringen, kalt machen* oder *umlegen.*

betagt Was das Altern angeht, tut man sich im Mutterland der Courtoîsie offenbar leichter als im Deutschen. So umschreibt man im Französischen weder den Begriff alt (= vieux/vieille/âgé(e)), noch das Alter (= âge, vieillesse) oder altern (= vieillir). Im Deutschen dagegen wetteifern *betagte* mit *bejahrten, reifen, angejahrten, hochbetagten* oder *angegrauten Senioren*. Allenfalls von *älteren* (älter als wer?) Menschen, Damen oder Herren ist da noch die Rede. Gretchenfrage: »Nun sagt, wie haben wir's mit dem Alter?«

Ein Bierchen   … fängt meist bei einem viertel oder halben Liter an und hört nicht selten bei dem einen oder anderen *Schnäpschen* auf.

cool   … ist seit einigen Jugendgenerationen anscheinend alles, was nicht irgendwie *total* oder *echt* uncool ist.

Doppelwhopper   Der Whopper (englisches Slangwort für »Mordsding«, aber auch für »faustdicke Lüge«) erfuhr in den Aufschwungjahren des vergangenen Jahrhunderts seine adäquate Steigerung durch den *Doppelwhopper*. Wer auch beim Käse lieber zur Doppelrahmstufe griff als zum Halbfettprodukt, hatte mit dem Verzehr von einem knappen halben Pfund Hackfleisch samt Zutaten sicher keine Probleme. Eher schon mit den Auswirkungen. Nicht von ungefähr hat sich im Jugendjargon der *Doppelwhopper* als Synonym für fettleibige Zeitgenossen etabliert. Andere heißen Bombastklops, Bordsteinpanzer, Fat-Walk, Fettbabscheider, Hubba Bubba, Jumbo, laufender Kubikmeter, mobiles Hindernis, Puddingdampfer oder Germany's next Topmoppel.

Drängeln   … im Straßenverkehr beschreibt den Vorgang mehr aus der Sicht des *Dränglers*. Der/die Bedrängte erlebt denselben Vorgang als Nötigung.

über den Durst trinken   Wer abends ein *Schlückchen*, *Gläschen* oder *Bierchen* über den Durst trinkt, klagt oft am nächsten Morgen über einen *Brummschädel*. Aber vielleicht kommt der ja auch von dem einen oder anderen *Zigarettchen* zwischendurch.

um die Ecke bringen Dass die Ecke in den Medien am häufigsten im Zusammenhang mit Fußball vorkommt, steht im Land des *Weltmeisters der Herzen* außer Frage. Dass auf Platz zwei die Straßenecke folgt, erscheint sogar aus der Sicht von Hunden plausibel. Zu denken gibt höchstens, dass der Euphemismus »*jemanden um die Ecke bringen*« gleich um die Ecke lauert (3. Platz).

eher Der Schein-Komparativ *eher* (vom gotischen air = früh) steht
   a) für früher (»Ich komme morgen eher«),
   b) für lieber, mehr, vielmehr (»Ich mag eher das grüne Kleid«),
und findet daneben Anwendung als beschwichtigende Ziervokabel zur Verblendung von Verneinungen oder Absagen: (»Die Chancen dafür stehen eher nicht so gut« – »Ich würde sagen, eher nicht!«)

Ehrenrunde Eine Ehrenrunde »dreht«, wer in der Schule sitzen bleibt – heißt: wer ein Schuljahr wiederholen muss. Dass die ursprüngliche Ironie inzwischen auf der Strecke geblieben ist, mag auch an der Erosion des »Ehr«-Begriffs liegen.

Ehrenwort Relikt aus einer Epoche, als die Ehre noch hypertroph aufgeladen war, sodass man etwa als Mann deren Verletzung allenfalls durch *Ehrenhändel* (= Duelle) bereinigen konnte, falls man sich nicht (etwa wegen nicht rückzahlbarer Schulden) gleich selbst entleibte. Hierzulande steht das *Ehrenwort* spätestens seit der legendären Pressekonferenz des ehemaligen Schleswig-Holsteinischen Ministerpräsidenten Uwe Barschel unter Generalverdacht. Dessen ungeachtet wird es nach wie vor dort in die Waagschale geworfen, wo jemand Glaubwürdigkeit beansprucht, ohne den Beweis für seine Behauptung erbringen zu können.

ehrlicher Mensch   Jemand mag sich – häufig oder gelegentlich – ehrlich, fair, vereinbarungsgemäß, wahrheitsgemäß, redlich oder solidarisch verhalten. Er mag sich hier und da (oder auch immer) freimütig, unverblümt, geradeheraus oder unverhohlen äußern. Ihn deswegen als *ehrlichen Menschen* zu bezeichnen hieße, ihm die lässlichen Flunkereien, Beschönigungen oder das soziale Rollenverhalten abzusprechen. Es sei denn, derjenige sei Josef Ackermann, seines Zeichens Chef des größten deutschen Kreditinstituts: »Vielleicht bin ich ein zu ehrlicher Mensch«, mutmaßte Ackermann im Februar 2005 in einem Gespräch mit dem Nachrichtenmagazin »Der Spiegel«, als er den geplanten Abbau von Deutsche-Bank-Arbeitsplätzen verteidigte. »Vielleicht«. Na, immerhin.

Erziehungsurlaub   Mit Wirkung vom 1. Januar 2001 wurde nicht nur das seit 1986 geltende »Gesetz über die Gewährung von Erziehungsgeld und Erziehungsurlaub« in den Orkus der Sozialgeschichte verabschiedet, sondern auch der Euphemismus *Erziehungsurlaub*. Dass hier von Urlaub in der Regel keine Rede sein konnte, hatte sich binnen 15 Jahren blitzartig herumgesprochen.

sich frisch machen   Wer sich *frisch machen* oder die *Hände waschen* geht, pflegt zuvor die Toilette aufzusuchen.

Frühlingsgefühle   Dass *Frühlingsgefühle* das Sexualverhalten in unseren Breiten nennenswert beeinflussen, stellen Hormonforscher nicht erst in Frage, seit sich hierzulande der Trend zu Sommergeburten verstärkt hat. Anders verhält es sich am Polarkreis, wo die Hormonwerte der Inuit in der Tat im Frühjahr regelmäßig sprunghaft ansteigen. Wie auch immer – gefühlte Hormonwerte sind auch nicht ganz ohne.

Gastfreundschaft Dem amerikanischen Schriftsteller, Erfinder und Staatsmann Benjamin Franklin (1706–790) verdankt die Welt – neben Blitzableiter und Bifokalbrille – manch visionären Aphorismus. So sah er bereits kurz nach Einführung der Demokratie in den USA deren Gefährdung durch Anti-Terror-Gesetze voraus: »Wer die Freiheit aufgibt, um Sicherheit zu gewinnen, wird am Ende beides verlieren«. Andere Aussprüche schöpfen aus der Lebenserfahrung des weit gereisten Mannes, so der Stoßseufzer »fish and guests stink in three days«. Dass die Redewendung auch in die deutsche Sprache Eingang gefunden hat, kann nur auf einem Irrtum beruhen, steht doch die *Gastfreundschaft* hierzulande publizistisch meist neben Begriffen wie Herzlichkeit, Weltoffenheit oder Großzügigkeit.

geil Von der ursprünglich althochdeutschen Bedeutung »aufschäumend, gärend« entwickelte sich geil über den Sexualjargon zu einem jener Superlativismen, wie sie alle paar Jahre von Jugendkulturen neu geprägt werden: Was nicht gerade abgelehnt wird, gilt hier umstandslos als *cool* oder eben *geil*. Die Steigerung erfolgt – trendabhängig – durch Voranstellen von *giga-, super-, hammer-, mega-, ur-* oder *wahnsinnig*. Peinlich wird's mitunter dann, wenn Erwachsene sich des Jargons bemächtigen. Etwa wenn bei der RTL-Castingshow *Deutschland sucht den Superstar* ergraute oder frisch erblondete Musikproduzenten jenseits der 50 sich bei 11- bis 16-jährigen Fans anbiedern, indem sie halbwegs fehlerfreie Gesangsvorträge wahlweise als *geil, hammermäßig, affengeil* oder auch *super-hammer-mega-affen-geil* bejubeln.

Geste Ende des 15. Jahrhunderts fand die *Geste* (= Haltung; von lateinisch gestus) Eingang in die deutsche Sprache. Verstand man darunter zunächst das Mienen- und Gebärdenspiel von

Schauspielern, so stand die *Geste* später für den sprachbegleitenden Ausdruck der Hände und des Kopfes. Was dagegen den heutigen Sprachgebrauch in den Medien angeht, so steht der *Geste* am häufigsten das Attribut »symbolisch« voran, gefolgt von »des guten Willens«, »der Solidarität« oder »der Versöhnung«. Wie wäre es wohl um unsere Welt bestellt, möchte man da ketzerisch fragen, wenn jene *symbolischen Gesten des guten Willens und der Solidarität* der Symbolik entkleidet und die *Geste* wieder den Schauspielern überlassen würde?

golden Was wurde nicht schon alles sprachlich vergoldet! Allen voran der goldene Mittelweg und die goldene Stimme (letztere, versteht sich, aus der »goldenen Stadt« an der Moldau). Golden auch die Brücke, die man dem einen baut, oder die Berge, die man dem anderen verspricht. Am besten ist es wohl um den bestellt, dessen *goldenes Herz* gerühmt wird und dessen Güte dennoch *nicht mit Gold aufzuwiegen* ist.

goldener Schuss Vom Dealerjargon aus hat sich der *goldene Schuss* längst in den Boulevardmedien etabliert – als Synonym für die tödliche Injektion von Opioiden wie etwa Heroin.

grob anfassen Auf das Gipskorsett des Klägers angesprochen, räumte der Angeklagte ein, dass er jenen »vielleicht ein bisschen *grob* angefasst« habe. Dabei wollte er ihm eigentlich »nur mal eben kräftig die Meinung sagen«.

hinter jemandem stehen Wer als Kanzler(in) oder Konzernchef(in) Mitarbeiter *nicht im Regen stehen lassen* will, beteuert gern, dass er »voll und ganz hinter ihnen stehe«. Täte er dies nicht nur mit Worten, sondern gelegentlich auch im wirklichen

Leben, so wüsste er, dass es niemandem etwas bringt, wenn jemand anderer bei Regen *hinter ihm steht*, es sei denn, dieser Jemand hätte einen Schirm dabei. Das aber ist bei Kanzlern oder Vorstandschefs kaum je der Fall. Manche Betroffene merken dann auch früher oder später, dass ihr Rücken in Wahrheit nie an etwas anderem lehnte als an der berühmten Wand.

interessant   Wer einen Vorschlag nach eigenem schriftlichem Bekunden *interessant* oder gar *hochinteressant* findet, leitet mit der höflichen Formel nicht selten eine Absage ein.

knackig   Vive la différence! Einen differenzierten Blick auf *knackige* Männer riskierte so gesehen die Zeitschrift »Cosmopolitan«. Dort hieß es, nach dem »Metro Sexual« komme jetzt der »Urban Renaissance Man«. Der habe nicht nur eine *knackige* Schale, sondern auch einen »intelligenten Kern«. Na so was!

Kreativer Umgang mit der Wahrheit   Ursprünglich publizistische Umschreibung für »Lügen«. Diese ist inzwischen ebenso abgegriffen wie nach wie vor beliebt – frei nach dem Motto des Fabeldichters Äsop: »Vom größeren Ochsen lernt der kleinere pflügen.«

ums Leben bringen, aus dem Leben scheiden   Ohne an dem gnädigen Schleier zerren zu wollen, der das gewaltsame Sterben verhüllt: Wer bei einem Straßenverkehrsunfall getötet wird, wen man ermordet oder wer sich selbst umbringt, würde, wenn er denn könnte, den Vorgang vermutlich anders umschreiben.

Der Leibhaftige   … ist mitunter dort zu Hause, wo man sich scheut, den »Teufel« beim Namen zu nennen.

Letzter Wille »Weder aus dem (...) veröffentlichten, noch aus dem nach meinem Tod (...) vorhandenen Nachlaß«, heißt es im Testament des 1989 verstorbenen Schriftstellers Thomas Bernhard, dürfe auf die Dauer des gesetzlichen Urheberrechts (= 70 Jahre) innerhalb Österreichs etwas »von mir verfaßtes Geschriebenes aufgeführt, gedruckt oder auch nur vorgetragen werden.« 20 Jahre später zählt Thomas Bernhard zu den meistgespielten Autoren in Österreich. »Ich brauch' überhaupt nix erfinden«, hatte Bernhard einst im Interview geäußert: »Die Wirklichkeit ist viel scheußlicher.«

mollig Vom lateinischen *mollis* (= weich) abgeleitet, gelangte der Begriff im 19. Jahrhundert aus dem Studentenjargon in die deutsche Hochsprache, wo sich der ursprüngliche Wortsinn zur Bedeutung »behaglich warm« beziehungsweise »behaglich wärmend« wandelte. Über die Verwendung im heutigen Sprachgebrauch geben die Synonym-Reihungen in modernen Wortschatz-Enzyklopädien Auskunft. Dort heißt es statt *mollig* auch: *beleibt, pummelig, rundlich, stramm, üppig* oder *vollschlank*. Vollschlank? Dann doch lieber mollig!

Nachbarschaftshilfe Abgesehen von dem Fall, dass sich ein Bundesligaverein über die *Nachbarschaftshilfe* eines anderen Clubs beklagte, stand diese Form gegenseitiger Unterstützung hierzulande stets in hohem Ansehen – bis es Bundesrat und Bundestag im Sommer 2004 beliebte, die »entgeltliche, auf Wiederholung angelegte Nachbarschaftshilfe« als Schwarzarbeit unter Strafe zu stellen, sofern diese nicht steuerlich deklariert wird. Für alle Seiten straffrei bleibt dafür die Ausbeutung durch *Ein-Euro-Jobs*. Aber das ist ein ganz anderes Kapitel.

nicht mehr der Jüngste Wer nach eigener Einsicht *nicht mehr zu den Jüngsten* zählt, ist mitunter 50, 60, 70 oder 80 Jahre älter als der Jüngste.

Peeling, Piercing Tun beide weh, haben beide etwas mit Zugehörigkeit zu tun und klingen beide in der deutschen Übersetzung (= Häuten/Durchstechen) derart schmerznah, dass beide Anglizismen voraussehbar konkurrenzlos bleiben.

raufen, Rauferei Über die *Rauferei* müsste man an dieser Stelle kein Wort verlieren, hätte sich das *Raufen* (von althochdeutsch roufen = rupfen, an den Haaren reißen) nicht inzwischen von der »Balgerei« zum Allgemeinbegriff für gewaltsame körperliche Auseinandersetzungen unter Jugendlichen gewandelt, die bekanntlich manchmal sogar mit dem Tod eines Kontrahenten enden kann. Wer gerne *rauft*, ist somit weder ein Raufbold noch rauflustig, sondern allenfalls auffallend aggressiv.

reif Im 8. Jahrhundert hielt das Wörtchen »reif« recht unspektakulär Einzug in den deutschen Sprachschatz. Als »rif« oder »rifi« galten zunächst allenfalls Feld- und Waldfrüchte, Getreide und Gemüse, die bald geerntet werden sollten. Nicht als »rifi« galten indes ältere oder alte Menschen. Die bezeichnete man erst dann als *reif*, als man dem Alter unter anderem mit beschönigenden Umschreibungen zu trotzen begann.

»Ruhestand ... und was dann?« Diese Frage steht oft im Raum, wenn wieder einmal jemand in den *wohlverdienten*, wenn nicht gar *vorzeitigen Ruhestand* verabschiedet wird. Dass die Aufforderung zur vorletzten Ruhe von den Betroffenen trotz Ruhestands- oder Vorruhestandsregelung meist ignoriert wird, davon zeugen Pauschalreisen, Volkshochschulkurse, Fußgängerzonen, Marathonläufe, Wellnessfarmen und Enkel. Ja, manchmal sogar die.

Schäferstündchen   »Deutsche sind mit ihren Schäferstündchen überwiegend zufrieden«, meldete eine Nachrichtenagentur vor wenigen Jahren. Die Meldung bezog sich auf eine Studie der Universität Chicago, nach der die 40- bis 80-jährigen Deutschen in Sachen sexuelle Zufriedenheit weltweit zu den Top Ten ihrer Altersklasse zählen. Sie sind auch die einzigen, die mit dem Begriff *Schäferstündchen* noch etwas anfangen können. (Schäferstündchen = Übersetzung des französischen Begriffs heure du berger. Dadurch werden Schäferinnen und Schäfer als Naturmenschen stilisiert, die sich vor allem der Liebe widmen.)

scharf   Anders als in der Erwachsenensprache, wo von Volks-, Partei- oder Verbandsvertretern unablässig irgend etwas »scharf verurteilt«, »scharf missbilligt« oder »scharf zurückgewiesen wird«, findet *scharf* in der Jugendsprache allenfalls dort Ausdruck, wo man jemand anderen begehrenswert findet.

scheiden   Wer aus einer Firma *ausscheidet*, wurde nicht selten zuvor entlassen. Trotzdem hat der- oder diejenige im Prinzip die Möglichkeit, auf die eine oder andere Art weiter zu arbeiten – eine Aussicht, die jemandem, der *von uns geschieden* oder *aus dem Leben geschieden* ist, bekanntlich verwehrt ist. Für alle Aus- und Dahingeschiedenen trifft indes zu, was Wilhelm Busch über die Ehescheidung reimte: »Meistens hat, wenn zwei sich scheiden, einer etwas mehr zu leiden.«

schubsen   Im Nachhinein bedauerte der Fahrer, dass er seinen Vordermann beim Rechtsüberholen »aus Versehen« in die Leitplanken *geschubst* hatte.

streng riechen   Was *streng riecht*, dünstet in Wahrheit faulig, stechend, säuerlich oder übel aus. Man könnte dazu auch »stinken« sagen!

suboptimal   Heißt, vom Lateinischen wörtlich abgeleitet: unterhalb des Best(möglich)en. Als zeitgeistige Dummfloskel steht *suboptimal* seit geraumer Zeit für schlecht, verheerend, mangelhaft, kümmerlich, miserabel oder stümperhaft.

super   Nicht jeder schaut Super RTL, NBC SuperChannel oder die *Super-Nanny*. Der *Super Bowl* geht an den europäischen Fernsehkonsumenten meist ebenso vorbei wie die *Super-Illu* an den meisten deutschsprachigen Lesern. Von Super-Mario machen sich allenfalls Eingeweihte ein Bild, während an den Tankstellen sowieso bald alles Super ist, was nicht nach Diesel riecht. Während links und rechts des Medien-Boulevards Talente zu *Superstars* oder *Supertalenten* aufgemotzt und angesichts massenhaft gecasteter *Topmodels* nur noch *Supermodels* zählen, hat der einstige Allerwelts-*Super*lativ bei der jugendlichen Zielgruppe längst *cooleren* Wendungen Platz gemacht. Letzteres gilt noch mehr für …

toll   … das sich in Wendungen wie tolle Figur, tolle Leistung oder toller Film so lange in der Erwachsenensprache behaupten dürfte, bis dort, nach *hammer-* und *wahnsinns-* endgültig auch *cool* und *geil* angekommen sind. Das wäre allerdings voll krass, ey …

unsanft Warum ersetzt man griffige Adjektive wie heftig (Stoß), schroff (Abfuhr), hart (Landung) oder scharf (Bremsung) durch einen Weichmacher wie *unsanft*? Weshalb sagt man – statt *unschön* – nicht scheußlich, grässlich, ekelhaft oder abgeschmackt? Und wieso nennt man etwas *unvorteilhaft*, wenn es für jeden sichtbar hässlich, hinderlich oder abträglich ist? Warum also setzt man Begriffe wie sanft, schön und vorteilhaft ein, wenn man das Gegenteil meint? Eine ehe *unbekömmliche* Frage. Wer deshalb voreilig zu einem ...

Verdauungsschnaps greift, der sieht sich abermals getäuscht. Alkohol regt nicht nur die Fettverdauung *nicht* an, sondern kann dieser ab einem Quantum von zwei Schnäpsen oder einem Viertelliter Wein oder einem halben Liter Bier sogar zusetzen, bei vorgeschädigter Leber noch mehr. Allein Kräuterschnaps oder Kräuterlikör vermag unter Umständen die Verdauung anzuregen – wegen der Kräuter. Doch das können Kräutertees genauso.

Versehen *Versehen*, Vorsehung oder schuldhaftes Handeln? Wer könnte das jeweils so genau sagen wie der Handelnde selbst? Und der will es meist auch nicht mehr so genau wissen.

vollschlank Ein Widerspruch in sich: Entweder voll oder schlank – beides geht nicht. Es sei denn, jemand wollte seinen *Spott* über eine *korpulente, runde, füllige, pummelige, dralle* oder dicke Person euphemistisch verkleiden. Aber wer spottet schon darüber?

wahrsagen Die Kunst des *Wahrsagens* heißt auch Mantik, vom altgriechischen maínesthai (= in Verzückung geraten). In Verzücken geraten können nach wie vor jene *Wahrsager*, denen ihre Kunst regen Zulauf beschert.

zierlich Kaum ein Begriff hat sich seit seinem Entstehen mehr gewandelt. So stand *zierlich* respektive »cierlich« im Mittelalter für das genaue Gegenteil der heutigen Bedeutung, die da lautet: schmächtig, zart oder klein: »Wie Gvnther gelach bi fròwen prynhilde cierlicher degen er hete dike samfter bi anderen wiben gelegen«, heißt es da im Nibelungenlied (frei übersetzt: »Wie König Gunther bei Brunhilde lag, hätte der prächtige Degen sanfter wohl bei anderen Frauen gelegen«). Nicht gerade ein *zierliches Persönchen*, jene Brunhilde.

2. Mit Bauernspeck auf Kundenfang
Codierte Lebensmittelsprache

adstringierend   Von lateinisch stringere (= ziehen, zusammenschnüren). Ein Wein, der einem den Gaumen buchstäblich zusammenzieht, gilt im Volksmund dennoch nach wie vor als sauer.

alkoholfrei   Mit rund 3 Prozent Marktanteil spielt *alkoholfreies* Bier in Deutschland einstweilen nur eine Nebenrolle. Dabei bedeutet *alkoholfrei* keineswegs, dass das betreffende Bier frei von Alkohol sein muss. Laut »Verordnung über die Kennzeichnung von Lebensmitteln (LMKV)« sind bis zu 0,3 Prozent Alkoholgehalt erlaubt!

Aromastoffe   Rund 6000 *Aromastoffe* sind bis heute identifiziert. Die meisten kommen in Lebensmitteln natürlich vor, andere werden beim Garen freigesetzt und wieder andere werden den Produkten von Lebensmittelherstellern zugesetzt. Was es mit *natürlichen* oder *naturidentischen* Aromen auf sich hat, siehe unter dem Stichwort »natürlich«.

artgerecht   Unzählige tierische Lebensmittelprodukte stammen laut Packungsaufdruck aus *artgerechter* (Tier-)Haltung. Hersteller sind durch die geltenden Lebensmittelgesetze zu keinerlei Auskunft darüber verpflichtet, was sie im Einzelfall darunter verstehen.

Bauernspeck Auch wenn die Formenvielfalt und Präsentation des in Supermärkten angebotenen *Bauernspecks* rein äußerlich verheißt, jener werde von der Landfrau liebevoll mit ihren eigenen Händen hergestellt, handelt es sich dabei sehr oft um industrielle Fertigung: »In Laugen getaucht, weich gepökelt, mit Aromen versehen«. (Aus: Thilo Bode: »Abgespeist. Wie wir beim Essen betrogen werden und was wir dagegen tun können«)

Beerenauslese Weinkenner wissen es sowieso: *Beerenauslese* ist ein aus faulen Trauben gekelterter Wein. Mehr dazu unter dem Stichwort *Edelfäule*.

Birkenhof *Birkenhof* heißt die Handels- und Werbemarke einer Supermarktkette, und die hat mit dem auf den Produkten aufgedruckten Bauernhof rein gar nichts zu tun. Pointe am Rande: Die in einem östlich von München gelegenen Gemeindeortsteil namens *Birkenhof* befindliche Filiale dieser Kette soll 2011 wegen rückläufiger Umsätze geschlossen werden.

Bodenhaltung ... heißt:

a) Maximal 6000 Hühner je Stall;

b) maximal 7 Hühner pro Quadratmeter;

c) Eier-Abtransport und Futterversorgung dürfen vollautomatisch erfolgen;

d) Tageslicht und Auslauf sind nicht vorgeschrieben;

e) nur ein Drittel der Stallfläche muss mit Streumaterial wie Sand oder Strohhäckseln bedeckt sein.

So weit EU-Vermarktungsnorm und EU-Tierschutzrichtlinie! Tierfreundliche Verbesserungen sind den landwirtschaftlichen Produktionsbetrieben nicht verboten, liegen aber in deren Ermessen.

Edelfäule Botrytis Cinerea heißt jener Pilz, der bei warmem Wetter die Entwicklung der Weintrauben hin zur Beerenauslese begünstigt und bei feuchtem Wetter die Trauben ruiniert.

Energy-Drinks »Eine glatte Bruchlandung« bescheinigte die Zeitschrift »Ökotest« im Oktober 2007 den meisten *Energy-Drinks*. Fazit: »Zu viel Zucker« (durchschnittlich 106 Gramm/ Liter), »überflüssige Vitamine« und »abenteuerliche Zusätze«. Von Energie kein Wort.

Die Extraportion Milch Der beliebte Kinderriegel enthält unter anderem Milchpulver, Butterreinfett, den Emulgator Sojalecithin, Vanillin und Zucker. »Um auf diese Weise seinen Tagesbedarf an Kalzium zu decken«, rechnete Foodwatch-Gründer Thilo Bode nach, müsse etwa ein 9-jähriges Kind »13 Riegel essen und würde damit gleichzeitig 38 Stück Würfelzucker und ein halbes Pfund Butter zu sich nehmen.«

Formschinken Nach gängigem Verständnis ist Schinken »die gepökelte, gebrühte, getrocknete oder geräucherte Beckenpartie des Schlachtschweins«. *Formschinken*, *Formfleischschinken* oder *Formvorderschinken* dagegen ist ein aus Schinken- und Schulterstücken zusammengepresstes Kochschinken-Imitat, das mit Kochschinken in der Regel nicht einmal die Struktur gemeinsam hat.

Fruchtjoghurt, Fruchtgeschmack, Fruchtzubereitung
Joghurt in seiner ursprünglichen Form wird mithilfe von Milchsäurebakterien per Fermentation aus Milch hergestellt und gilt aus verschiedenen Gründen als gesund. Joghurt in seiner industriellen Form wird schon mal mittels Magermilchpulver, Emulga-

toren und/oder anderen Verdickungsmitteln stichfest aufgepeppt, gilt dessen ungeachtet aber ebenfalls als gesund. Besonders beliebt ist *Fruchtjoghurt* (rund 80 Prozent Marktanteil), obgleich dieser mit Früchten allenfalls eine geringfügige Allianz eingeht. So muss *Fruchtjoghurt* zwar mindestens 6 Prozent Früchte enthalten (= 9 Gramm je 150-Gramm-Becher), dafür darf der *Joghurt mit Fruchtzubereitung* deutlich darunter bleiben (mindestens 3,5 Prozent Fruchtanteil), während *Joghurt mit Fruchtgeschmack* (unter 3,5 Prozent Fruchtanteil) eigentlich nur noch die Erinnerung an Früchte zu wecken braucht. Ganz anders verhält es sich beim Zuckeranteil. So beklagt etwa das Bayerische Staatsministerium für Umwelt, Gesundheit und Verbraucherschutz in einer Studie über Schulkinderernährung, dass beispielsweise ein Joghurt mit Frucht 17,6 Gramm Zucker je 150-Gramm-Becher enthalte. Fragt sich nur, wer da wohl Abhilfe schaffen könnte?

Fruchtnektar Nektar galt in der griechischen Mythologie als »Unsterblichkeit spendender Göttertrank«. Ob ein ähnlicher Effekt auch für den vom EU-Olymp herab definierten *Fruchtnektar* zu erwarten ist, darf bezweifelt werden: Bis zu 20 Prozent Zuckergehalt sind erlaubt, der Fruchtanteil braucht 50 Prozent nicht zu überschreiten.

Fruchtsaft … muss entsprechend der Hersteller-Richtlinie »nach der angegebenen Frucht schmecken« sowie einen Fruchtsaftanteil* aus jener Frucht enthalten. Der Rest darf sich aus Wasser, Zucker, Säuerungsmitteln und Aromastoffen zusammensetzen. (*mindestens 6 Prozent bei *Orangen-* oder *Grapefruitsaft*, mindestens 30 Prozent bei *Apfel-, Birnen-, Kirsch-* oder *Traubensaft*)

Functional Food Ein paar ergänzende Vitamine, Mineralstoffe, ungesättigte Fettsäuren oder »verdauungsfördernde« Bakterienkulturen, und schon hat man als Verbraucher »Gesundheit« mitgekauft – alles im Doppelpack sozusagen. So oder ähnlich lässt sich die Vorstellung beschreiben, die Konsumenten vom sogenannten *Functional Food* haben, ohne dass den meisten von ihnen der Begriff beim Einkauf bewusst sein dürfte. Geläufig sind eher schon Bezeichnungen wie *probiotisch, bioaktive Pflanzenstoffe* oder *Omega-3-Fettsäuren*. Ob und wie weit sich ein gesundheitsfördernder Effekt im Einzelfall tatsächlich einstellt, ist dagegen mangels hieb- und stichfester wissenschaftlicher Untersuchungsergebnisse zumeist ungeklärt. Wäre dies der Fall und würde etwa ein Fischmenü im Hinblick auf seine cholesterinsenkende Wirkung verkauft, so handelte es sich streng genommen um ein Arzneimittel, das umgehend auf eventuelle Nebenwirkungen zu untersuchen wäre. Ob so etwas im Sinne aller *Functional-Food*-Hersteller wäre, darf bezweifelt werden.

Geflügelwurst Rund 100.000 Tonnen *Geflügelwurst* kaufen deutsche Privathaushalte Jahr für Jahr. Steht nicht ausdrücklich »reine Geflügelwurst« auf der Verpackung, dürfen in der *Geflügelwurst* bis zu 20 Prozent Schweinefleisch oder Rindfleisch enthalten sein.

Geschmackserlebnis Wer sein Produkt mit einem *Geschmackserlebnis* ausstattet oder zum *Genussabenteuer* aufpeppt, handelt wie der Schneider im Märchen von *des Kaisers neuen Kleidern*: Der versprochene Nutzen ist weder wäg- noch messbar. Worauf es allein ankommt, ist die Vorstellungskraft von *König Kunde*.

geschmacksneutral ... heißt auf englisch tasteless, was bei der Rückübersetzung ins Deutsche zu einem sicherlich unerwünschten Resultat führt. Wer wünscht sich schon »geschmackloses« Distelöl in seinem Salatdressing? Dann schon lieber *geschmacksneutral*. Obwohl Aromastoffe sowohl hier als auch im Rapsöl und in der *Kieselerde* nachzuweisen sind. Vielleicht am wenigsten in den als *geschmacksneutral* bezeichneten Kunststoffen. Aber das bliebe noch durchzuschmecken.

Geschmacksverstärker Sie heißen Mononatriumglutmat, Monoammoniumglutamat oder Guanylsäure, tragen Erkennungszahlen wie E621, E624 oder E626 und firmieren unter dem Sammel-Pseudonym *Geschmacksverstärker*. Abgesehen von dem bekannten Umstand, dass einige davon bekanntlich Allergien auslösen können, wirken andere *Geschmacksverstärker* (zum Beispiel in Kartoffelchips) auf indirektem Weg eher als Gewichtsverstärker.

gesund Milch ist gesund. Wie gesund müssen dann erst *Milchriegel*, *Milchschnitten* oder fruchtige *Milchjoghurts* sein, die obendrein mit »lebenswichtigem« Kalzium ausgestattet sind? Auch wenn in so einem Schnittchen nicht einmal 0,06 Gramm des lebenswichtigen Mineralstoffs, dafür aber rund 10 Gramm *Zucker* und mehr als 7 Gramm *Fett* anzutreffen sind?

Glücksdiät Nicht nur Typ2-Diabetes-gefährdete Esser können von Glück reden, dass es Diätpläne gibt, die auf einen niedrigen »glykämischen Index« (GI) zielen. Glück auch für die Erfinder der Glyx-Diät, dass sich diese im Bewusstsein vieler Konsumenten als *Glücksdiät* etabliert hat – obwohl vermutlich nicht jeder »Glyx«-Anhänger beschreiben könnte, wie sich das essbare Glück denn nun genau äußert.

halbtrocken   Je nach Region gilt ein Wein als *halbtrocken* (und nicht etwa als halbsüß), wenn er etwa zwischen 8 und 18 Gramm Restzucker enthält.

Hofgut   Ähnlich wie der *Birkenhof* einer Supermarktkette und der *Wiesenhof* eines Massengeflügelproduzenten existiert auch das *Hofgut* Schwaige einer großen bayerischen Fleischhandelskette lediglich als anheimelnder Markenname.

Intensiv-   Egal ob Landwirtschaft, Tierhaltung oder Aufzucht – wenn *Intensiv* davor steht (von lateinisch intensus = gespannt, heftig), geht es den davon betroffenen Tieren, Feldern oder dem Grundwasser meist heftig an die Substanz.

Käfighaltung   Statt in *Käfigen* dürfen Legehennen ab 1. Januar 2012 EU-weit nur noch in sogenannten *ausgestalteten Käfigen* gehalten werden. Das bedeutet: Die *Käfige* enthalten Sitzstangen und Nester und bieten jeder Henne 750 Quadratzentimeter Platz (statt bisher 550), was etwa dem 1,2-fachen eines DIN-A4-Blattes entspricht. Einige Länder, darunter Deutschland und Österreich, gehen in dem Bemühen um mehr »Tierschutz« weiter – wenn auch längst nicht so weit wie die Verbraucher, die Eiern aus *Käfighaltung* zunehmend die rote Karte zeigen.

Kinder-   Dass *Kinder*-Lebensmittel oft mehr Zucker und Fett enthalten als vergleichbare Produkte für Erwachsene, ist längst kein Geheimnis mehr. So befand die Stiftung Warentest im Mai 2004 von 40 getesteten *Kinder*-Lebensmitteln nur fünf als »wirklich für Kinder geeignet«.

Kohlehydrate ... als Inhaltsangabe auf verpackten Lebensmitteln ist oft nur ein anderes Wort für Zucker.

Kontrollierte Aufzucht ... ist als Aufdruck auf Fleisch- und Wurstverpackungen nur dann aussagekräftig, wenn dabei steht, wer hier wann wessen Aufzucht kontrolliert hat.

Lebensmittelzusatzstoffe ... werden Lebensmitteln industriell hinzugefügt, um diese wahlweise fester, haltbarer, aromatischer, lockerer, farbiger, schmelzfähiger, saurer, dickflüssiger oder süßer zu machen. Welche dieser mehr als 300 in der EU zugelassenen *Lebensmittelzusatzstoffe* Neurodermitis, allergisches Asthma oder andere Allergien auslösen können, darüber geben staatliche und kommunale Stellen sowie Verbraucherschutzorganisationen Auskunft, nicht aber die jeweilige Lebensmittelverpackung.

lieblich Von Althochdeutsch liublih (= liebreizend). Steht in der Sprache der Önologen für einen Restzuckergehalt von 18 bis 45 Gramm je Liter. Liegt der Restzuckergehalt darüber, gilt der deutsche Wein – nein, nicht als süß, sondern als *mild*. Besser haben es da Franzosen und Italiener. »Doux« beziehungsweise »dolce« heißt beides: sowohl süß wie auch mild. Allein die Briten nennen den lieblichen Wein so, wie er schmeckt: sweet.

light Der Zusatz *light* bei fettreduzierten oder kalorienreduzierten Lebensmitteln wie auch bei nikotin- oder koffeinreduzierten Genussmitteln verleitete viele Konsumenten zu der von den Herstellern gewiss nicht unerwünschten Annahme, man könne davon mehr essen, rauchen oder trinken und lebe trotzdem gesünder. Bei Zigaretten hat die EU inzwischen dem »lightsinnigen« Irrglauben ein Ende gesetzt, indem sie den Aufdruck verbot.

Nahrungsergänzungsmittel   … verhalten sich zu Nahrungsmitteln ähnlich wie *Ergänzungsabgaben* zu Steuern. Beide bringen vor allem jenen Vorteile, die sie erfunden haben, beide sind besonders haltbar, und beide erscheinen bei ausgewogener Ernährung beziehungsweise geordnetem Haushalt entbehrlich.

natürlich   Im Unterschied zu *naturidentischen* müssen *natürliche* Aromastoffe pflanzlicher oder tierischer Herkunft sein. Ob das *natürliche* Himbeeraroma im Joghurt indes tatsächlich von Himbeeren oder etwa aus biotechnisch verarbeitetem Zedernholz stammt, ist dabei unerheblich.

Obst in der Flasche   Wer die Portion *Obst in der Flasche* verkauft, ist entweder Hersteller eines klassischen Birnenschnapses, oder er veredelt sein unter anderem aus Fruchtsaftkonzentrat gewonnenes Getränk verbal zum *Naturprodukt*.

probiotisch   Joghurt ist gesund. Probiotischer Joghurt ist noch gesünder – so lautet die oft gern geglaubte Botschaft. Dass *probiotische* Bakterien allerdings Darmkrebs fördernde Enzyme stoppen könnten, konnte bisher nicht nachgewiesen werden. Um eine derartige Wirkung zu entfalten, müssten sich die Bakterien in ausreichender Zahl an die Darmschleimhaut anheften. Dort aber, so die Zeitschrift »Ökotest«, sei es »mit rund 100 Billionen Keimen aus über 400 Bakterienarten schon ganz schön voll.«

Reinheitsgebot   Das bayerische Reinheitsgebot von 1516 besagt, dass Bier ausschließlich aus Gerste, Hopfen und Wasser gebraut werden darf. Von Hefe, Hopfenextrakt oder Gerstenmalz war keine Rede.

Röst-Aromen   … entfalten sich in Brühen oder Soßen, nachdem ihnen Angeschmortes oder Angebranntes beigemengt wurde, allen voran Zwiebel, Knoblauch, Gemüse, Fleisch oder Fisch.

Saft   Die Unterscheidung ist eigentlich ganz einfach: Echter, aus Obst gepresster Saft heißt Direktsaft. Alle anderen *Säfte* – egal, ob auf dem Etikett *Fruchtsaft*, *Fruchtnektar* oder sonst etwas steht –, sind allenfalls »saftige« Euphemismen für Getränke, die mit Direktsaft oft nicht viel mehr gemeinsam haben als die Silbe »saft«.

Schutzengeltee   Anders als Kamillentee, Früchtetee, Earl Grey oder Hagebuttentee lässt sich dem *Schutzengeltee* kein eindeutiges Aroma zuordnen. So kann er mal nach Vanille schmecken, dann wieder nach Äpfeln, ebenso nach Koriander, Fenchel oder nach Anis. Doch auf den Geschmack kommt es ja hier erst in zweiter Linie an. Was beim *Schutzengeltee* wie auch bei anderen vergleichbaren Produkten besonders zählt (in barer Münze wie im übertragenen Sinn), ist der moralisch-emotionale Mehrwert, also zum Beispiel das Gefühl, durch den Teegenuss besonders geschützt zu sein und ganz nebenbei als guter Mensch zu handeln – sei es auch nur durch den Erwerb biologisch abbaubarer Teebeutel.

Separatorenfleisch   Unter *Separatorenfleisch* – auch *Knochenputz* genannt – sind Fleischreste zu verstehen, die mittels maschineller Separatoren von den Knochen geschlachteter Tiere entfernt und anschließend unter anderem zu Tierfutter, Wurst oder Fleischbrühe mitverarbeitet werden. In die »Unwort-Liste« des Jahres 2000 gelangte das *Separatorenfleisch* im Zusammenhang mit der Rinderseuche BSE. Begründung der Jury: Es handle sich dabei um eine »seriös klingende, bei BSE-Verdacht besonders unangemessene Bezeichnung von Schlachtabfällen«. Seit 1. Oktober 2000 ist die Herstellung und Verarbeitung von *Separatorenfleisch* von Rindern, Ziegen und Schafen bei uns verboten, *Separatorenfleisch* anderer Tiere ist erlaubt, es muss aber auf der Verpackung gekennzeichnet werden.

Stabilisatoren   Ein Wort für alle Fälle! Egal, ob im Maschinenbau, bei der Glasherstellung, in Automobilen, Schiffen oder in der Mathematik, allseits dienen *Stabilisatoren* dazu, um (man staune!) etwas zu stabilisieren. Auch bei der Lebensmittelherstellung wird ziemlich viel stabilisiert: zum Beispiel die Konsistenz von Emulsionen oder Farbstoffen. Entsprechend umfangreich ist die Liste teils allergener Chemikalien – von Ascorbylpalmitat (E 304a) bis Zinn-II-Chlorid (E512) –, die sich hinter dem Begriff *Stabilisator* verbergen

trocken   Vom althochdeutschen truckan (= nicht von Feuchtigkeit durchdrungen) stammend, steht *trocken* in der Sprache der Önologen für »geringen unvergorenen Zuckergehalt« und für die Sinneswahrnehmung *adstringierend*.

Veredelung   Anders als bei der Pflanzen-, Gesteins- oder Speiseveredelung bezieht sich Veredelung in der Landwirtschaft vor allem auf ökonomische Qualität. So sind unter landwirtschaftlichen *Veredelungsbetrieben* Betriebe zu verstehen, die ihren Umsatz durch *Veredelungswirtschaft* erzielen. Das heißt, bildhaft gesprochen: »Vorne« kommt vergleichsweise Billiges hinein (zum Beispiel: Grünfutter) und »hinten« kommt Rentables heraus (Fleisch, Eier, Milch, Wolle).

Zitronensäure … wurde bei ihrer Entdeckung anno 1784 tatsächlich aus Zitronen gewonnen. Da aus jeder Zitrone aber höchstens 5 bis 7 Prozent Zitronensäure herausgefiltert werden können, kommt die jährliche Weltzitronenproduktion von 120.000 Tonnen bei einem Bedarf von rund 1,4 Millionen Tonnen *Zitronensäure* heutzutage schon rein rechnerisch nicht für die Produktion der Säure in Betracht. So war *Zitronensäure*, die unter anderem in Entkalkungsmitteln und WC-Reinigern zum Einsatz kommt, einer der ersten Stoffe, der in großem Stil biotechnisch (etwa aus Zuckerrüben) erzeugt wurde. Als *Zusatzstoff* in Lebensmitteln trägt sie die Bezeichnung E 330.

3. Im Direktflug zur Strandnähe
Reiseprospekte beim Wort genommen

Die erläuterten Beschreibungen können in der Praxis sowohl zutreffen – was den Reisenden erfreuen dürfte – als auch den Ist-Zustand beschönigen. Im Rahmen dieses Buchs geht es naturgemäß um die zweite Variante.

aufstrebend   ... kann bedeuten, dass der Gast seinem Ferienort beim Aufstreben zusehen und vor allem zuhören kann. Heißt konkret: Bau-, Kneipen- und Verkehrslärm bei voranschreitender Entgrünung zugunsten gebührenpflichtiger Parkplätze.

Bademöglichkeit   Sagt weder etwas über die Art des Badevergnügens (Pool, Strand, Badewanne?) noch über die Beschaffenheit von Ufern oder Stränden aus.

beheizbarer Pool   ... ist etwas Feines, ein beheizter Pool ist aber meist besser!

Direktflug   Im Unterschied zum Nonstop-Flug kann es beim *Direktflug* je nach Entfernung zu einer Reihe von Zwischenlandungen kommen. Also: Zeit mitbringen.

direkt am Meer   ... heißt *direkt am Meer* und nicht direkt am Strand. Nicht nur Costa-Brava-Urlauber wissen: Auch Steilküsten liegen *direkt am Meer*.

Flughafennähe Suggeriert: kaum gelandet, schon im Hotel! Kann aber auch heißen: kaum im Hotel, schon wird's laut!

kinderfreundlich Wer kinderlieb ist, aber trotzdem vor allem Erholung sucht, entscheide sich vielleicht besser für ein anderes Plätzchen.

kontinentales Frühstück ... klingt »epochal«, bietet aber kaum mehr als: Kaffee/Tee, Brötchen, Butter und Konfitüre.

landestypisch ... ist mitunter ein landes*un*typischer Ausdruck für »einfach«.

Meerblick Kann heißen: Das Meer ist von einem Teil des Hotels aus zu sehen, wenn auch nur in Zipfelbreite am Horizont.

meerseitig ... heißt: der Meerseite zugewandt. Auch wenn man sich den *Meerblick* und die *Strandnähe* intuitiv dazudenkt: Vor Ort mag man beides mitunter schmerzlich vermissen.

naturbelassener Strand, Naturstrand Hier findet man vieles! Allein Toiletten, Duschen und Abfallbehälter sucht man hier oft vergebens.

neu fertiggestelltes Hotel Kann heißen: Der Baulärm ist noch nicht vorbei, dafür sind Elektro- und sanitäre Anlagen umso störungsanfälliger.

am Ortseingang gelegen An dem hier gelegenen Hotel kommt jedes Auto vorbei, das in den Ort hinein, durch den Ort hindurch oder aus dem Ort hinausfährt.

strandnah, Strandnähe   Befände sich das Hotel unmittelbar am Strand, so würde dies gewiss genau so im Prospekt stehen.

kurze Transferzeit   … vom und zum nächsten Flughafen verheißt: Fluglärm vor dem Transfer, nach dem Transfer und/oder während des Transfers.

unberührte Natur, ruhige Randlage   Wer einen Hotelaufenthalt in *wildromantischer Lage*, in *ruhiger Randlage* oder in *unberührter Natur* bucht, wird ohnehin nicht mit moderner Infrastruktur oder öffentlicher Verkehrsanbindung rechnen.

ungezwungene Atmosphäre   Zwischen Frühstücksterrasse und Hotel-Rezeption: nackte Haut, wohin man blickt.

gute Verkehrsanbindung   Wer auf vorbeiratternde LKWs oder Güterzüge erpicht ist, wird mitunter die *gute Verkehrsanbindung* zu schätzen wissen.

weitläufige Anlage   Hier muss weit laufen, wer irgendwo hin will.

zentrale Lage   Auf eines kann sich der Urlauber hier verlassen: Verkehrs- und Kneipenlärm bis weit nach Mitternacht

zentral gesteuert   Hier ist weniger mit dem ominösen »großen Bruder« zu rechnen als mit einer Hotelklimaanlage, die man vom Hotelzimmer aus weder abstellen noch regulieren kann.

zweckmäßige Einrichtung   Bett, Stuhl, Kleiderschrank – alles da!

4. Von Begrüßungszentren und Erziehungscamps
Der Bürokrat lässt grüßen

aufenthaltsbeendende Maßnahmen Die silbenreichsten Euphemismen erfindet die Amtssprache dort, wo es den Betroffenen an den sprichwörtlichen Kragen geht. *Aufenthaltsbeendende Maßnahmen* (10 Silben) bedeuten – auf 3 Silben verkürzt: Abschiebung.

Begrüßungszentren Bezeichnung für EU-interne Auffanglager für afrikanische Flüchtlinge. Die Wortkreation wurde von der »Unwort des Jahres«-Jury im Jahr 2004 zunächst dem damaligen deutschen Innenminister Schily zugeschrieben. Seit jener sich ebenso postwendend wie erfolgreich gegen die Zuweisung wehrte, hat niemand anderer die Urheberschaft für sich beansprucht.

behandeln, Behandlung Was wird im Sprachgebrauch nicht alles *behandelt*: von Werkstücken über Diabetes bis hin zu Problemen und Hals-Nasen-Ohren-Erkrankungen. Entsprechend variiert die Art und Weise, *wie* etwas behandelt wird: von respektvoll bis ambulant, von stiefmütterlich bis kostspielig. Wo die *Behandlung* indes synonym für Misshandlung steht, fügt sie sich in das »ABC des Unmenschen« (siehe dort das Stichwort: *Sonderbehandlung*).

Büro für globale Verständigung Am 21. Januar 2003 nahm im Amtssitz des US-Präsidenten George W. Bush das *Office of*

Global Communication seinen Betrieb auf. Der Sinn des »Office« bestand laut Presseinformation darin, die Welt »wahrhaft, akkurat und effektiv« über die Politik der USA zu »informieren«. Bekanntestes Beispiel für jene Art von »Information« war die zum Kriegsgrund erhobene Falschmeldung, dass der Irak Massenvernichtungsmittel horte.

Edvige *Exploitation documentaire et valorisation de l'information générale* – kurz: *Edvige* – heißt jenes geplante französische Datenerfassungssystem, dem der weibliche Namensanklang offenbar so etwas wie Anmut verleihen soll. Auch die deutsche Übersetzung »dokumentarische Erfassung und Auswertung allgemeiner Informationen« lässt nicht erkennen, dass es bei *Edvige* ursprünglich um nicht weniger ging, als sämtliche verfügbaren Daten *aller* französischen Staatsbürger zu erfassen – einschließlich Autonummern, Krankheiten und sexueller Orientierung. Inzwischen wurde das zunächst eilig durchs Parlament geschleuste Gesetz auf öffentlichen Druck hin abgemildert.

Erziehungscamp Von lateinisch campus (= Feld), bezeichnet Camp ursprünglich ein Zelt- oder Ferienlager. Eine vergleichbare Vorstellung soll vermutlich der Begriff *Erziehungscamp* (nach dem US-amerikanischen Reeducation Camp) wecken, mit dem man den Aspekt der Zwangseinweisung ebenso verkleidet, wie man den belasteten Begriff »Lager« (Konzentrationslager, Internierungslager, Arbeitslager) verbalkosmetisch »verhübscht«.

exekutieren, Exekution Seit Abschaffung der Todesstrafe hat sich der Wortursprung der *Exekution* in Deutschland nur noch in der Exekutive (= dritte unabhängige Staatsgewalt neben Legislative und Judikative) erhalten. Allein in Österreich tritt der

Exekutor nach wie vor in Aktion – wenn auch nur bei vergleichsweise unblutigen Zwangsvollstreckungen.

ein Exempel statuieren Wer ein *Exempel statuiert*, setzt nach Maßgabe der lateinischen Sprache ein Beispiel. Indes lehrt die Geschichte, dass durch vergleichbare »Beispiel-Setzungen« schon viele Menschen in beispielloser Weise zu Schaden kamen.

Der finale Rettungsschuss … erlaubt die vorsätzliche Tötung eines Geiselnehmers zum Zweck der Geiselbefreiung. Zwar gilt vergleichbares Recht auch in anderen europäischen Ländern, doch verzichtet man anderswo meist auf die euphemistische Verkleidung. So spricht man etwa in Frankreich klar von einem »tir mortel qu'un policier est autorisé à diriger contre un agresseur pour sauver la vie d'une personne agressée« (= tödlicher Schuss, den ein Polizeibeamter gegen einen Aggressor abfeuern darf, um das Leben einer angegriffenen Person zu retten).

Fixierung Dieser Begriff steht in der Pflegepraxis unter anderem für die Vierfachfesselung der Extremitäten (= Arme und Beine), die praktiziert wird, um willkürliche oder unwillkürliche Bewegungen eines Patienten zu verhindern.

integrationsresistent … soll heißen: Egal, wie freundlich Staat und Bürger auf Zuwanderer zugehen – es gibt dennoch solche, die allen gut gemeinten Bemühungen widerstreben. Wer den Begriff »resistent« von vorne bis hinten durchschmecken möchte, hier sind ein paar mediale Verwendungsbeispiele: »nur solche Tiere, die gegen den Erreger resistent sind« – »20 Prozent dieser Bakterien seien schon gegen Antibiotika resistent« – »dieser Mais ist resistent gegen den Maiszünsler« – »weil sich immer häufiger

Krankheitserreger als resistent gegen landläufige Antibiotika« – »neue Aids-Variante ist gegen 19 von 20 Medikamenten resistent«. Tiere, Bakterien, Genmais, Krankheitserreger, Aidsviren: Wie war das noch mal mit den »Ratten und Schmeißfliegen«?

grenzwertig   Als *grenzwertig* (und nicht etwa als skandalös) bezeichnete eine Sprecherin der Bundesagentur für Arbeit in der »Süddeutschen Zeitung« vom 27. Oktober 2007 die Ein-Euro-Job-Ausbeutung einer diplomierten Sozialpädagogin.

Humankapital   Ähnlich den Humanressourcen (englisch: Human Resources) und dem Humanpotenzial (Human Assets) bildet das *Humankapital* (Human Capital) ursprünglich eine volks- und betriebswirtschaftliche Rechengröße. Wird das *Humankapital* indes so interpretiert wie von Ex-Ministerpräsident Kurt Biedenkopf (»Wir müssen die Familie als den Raum der Gesellschaft stärken, in dem Humankapital heranwächst«), trägt es den Titel »Unwort des Jahres 2004« zu Recht.

Karlsruhe-Touristen   Dass Karlsruhe-Touristen sich ungeachtet der Schönheiten der ehemaligen badischen Residenz unversehens in der »Unwort«-Liste 2008 wiederfinden, haben sie dem Bundesvorsitzenden der Deutschen Polizeigewerkschaft (DPolG), Rainer Wendt, zu danken. Wendt hatte 2008 öffentlich gemutmaßt, dass bei der Verabschiedung eines modifizierten BKA-Gesetzes die *Karlsruhe-Touristen* wieder aktiv würden. Mit diesem Flapsus linguae zielte der Polizeigewerkschafter vor allem auf die Ex-FDP-Minister Burkhard Hirsch und Gerhard Baum, die die Verfassungsmäßigkeit von Gesetzen – zum Beispiel beim »Großen Lauschangriff« – wiederholt erfolgreich durch das Bundesverfassungsgericht in Karlsruhe prüfen ließen.

Kulturbereinigungsgesetz Seit 1954 wurden in Österreich sieben »Rückstellungsgesetze« sowie zwei »Kunst- und Kulturbereinigungsgesetze« verabschiedet. Darin geht es um die Rückgabe der unter der NS-Herrschaft in Österreich erpressten und geraubten Kunstschätze. Laut Restitutionsberichten des Österreichischen Ministeriums für Bildung, Wissenschaft und Kultur wurden bis 24.11.2004 insgesamt 4176 Kunstgegenstände an ehemalige Eigentümer oder deren Erben zurückerstattet. Was den erheblichen Rest des Raubguts angeht, hält das Ministerium den »Zeithorizont« für »schwer kalkulierbar«.

Migrationshintergrund Wer Zuwanderer oder Nachkommen von Zuwanderern als *Menschen mit Migrationshintergrund* abstempelt, macht sie – nolens volens – als »nicht der Mehrheitsbevölkerung zugehörig« kenntlich und bereichert damit das Wörterbuch des Rassismus um eine neue Umstandsvokabel.

Minderheitenfrage Wer ganze Bevölkerungsgruppen in »Frage« stellt – sei es per *Ausländerfrage, Asylantenfrage* oder *Minderheitenfrage* –, muss sich fragen lassen, ob er die jeweilige »Frage« nicht in Wahrheit längst für sich beantwortet hat.

Ruhigstellung Begriff aus der Psychiatrie, der die Zwangsbehandlung mit Medikamenten, Elektroschocks oder anderen Mitteln umschreibt. In Hagen (Deutschland) und Wien (Österreich) wurden in den Jahren 2007 beziehungsweise 2004 dunkelhäutige Ausländer laut Polizeiberichten jeweils so nachhaltig *ruhiggestellt*, dass sie anschließend tot waren.

Sozialhygiene Unter *Sozialhygiene* versteht man jenes arbeitsmedizinische Feld, das sich unter anderem mit Siedlungshygiene oder öffentlichem Gesundheitswesen befasst. Wer dagegen als Behördenvertreter die Abschiebung eines ausländischen Straftäters als *Sozialhygiene* bezeichnet, hat eigentlich mehr Aufmerksamkeit verdient als nur die der »Unwort«-Jury 1996.

Verhörmethoden, Verhörpraxis Nach rechtsstaatlicher Auffassung steht »Verhör« für die eingehende polizeiliche oder richterliche Befragung einer Person zur Klärung eines Tatbestands oder Sachverhalts. Nur bedingt mit rechtsstaatlicher Befragung zu tun haben *Verhörpraxis* oder *Verhörmethoden*, wie sie beispielsweise aus dem US-amerikanischen Geheimdienst CIA bekannt wurden und für die es ein knappes deutsches Synonym gibt: Folter.

Verklappung Schulbeispiel für das Konstruktionsprinzip mancher bürokratischen Euphemismen: die *Verklappung*. Man weist auf die technische Seite eines Vorgangs – das Öffnen der Klappen im Schiffsrumpf – und verschleiert damit dessen Folgen: die Belastung der Meere mit Schadstoffen.

Zugangsregelung Wer Zugänge regelt – sei es zu Universitäten, Studienfächern, Fernleitungsnetzen, Berufen oder Klettersteigen –, verschleiert damit, dass er den jeweiligen Zugang vor allem beschränkt.

Zumutbarkeit Selbst wenn sie in Einzelfällen durch *Zumutbarkeitsklauseln* geregelt ist, gilt für jegliche *Zumutbarkeit*, dass sie grundsätzlich ohne die Mitwirkung jener zustande kommt, denen etwas zugemutet werden soll. Diese empfinden es denn auch meist weniger als *Zumutbarkeit* denn als Zumutung.

Zuzugsregelung Auf dem dritten *Integrationsgipfel* im Herbst 2008 gab die Bundesregierung die Zwischenbilanz des sogenannten *nationalen Integrationsplans* bekannt, mit dem die Integration von Zuwanderern »erleichtert« und der Zuzug von Ehepartnern »geregelt« werden soll. Dass die Zuzugsquote von Ehegatten binnen eines Jahres um 43 Prozent zurückging, überrascht nicht wirklich, handelt es sich doch bei einigen jener »Regelungen« (Stichwort: Sprachtests) de facto um Beschränkungen.

5. Über die Preisanpassung zum Easy Shopping
Der Ertrag heiligt die verbalen Mittel

absolut   … bedeutet im Wortsinn »unangefochten« oder »uneingeschränkt« und gilt, wie Bußgeldzahler wissen, uneingeschränkt überall da, wo etwas generell verboten ist. Das trifft für das absolute Halteverbot ebenso zu wie für das absolute Rauchverbot oder das absolute Alkoholverbot. Anfechtbar sind dagegen absolute Vorbilder oder absolutes Wissen – wohingegen mit »absoluter Qualität« *absolut* gar nichts gesagt ist.

Akademie   Auch knapp zweieinhalbtausend Jahre nach Platons Akademeía siedelt das allgemeine Bewusstsein Begriffe wie akademisch, Akademie und Akademiker im Universitätsbereich an. Grund genug für eine Reihe universitätsferner Institutionen, ihre Stiftung, Firma oder Fortbildungsanstalt mit dem akademischen Label aufzuwerten. Dass es mancherorts im herkömmlichen Sinn dennoch eher unakademisch zugeht, daran können weder *Evangelische* noch *Katholische Akademien* etwas ändern. Auch nicht die *Akademie für Führungskräfte*, die *Akademie für musische Bildung und Medienerziehung* oder die *TÜV-Akademie*. Ebenso wenig die *Controller-Akademie*, die diversen *Fremdsprach- oder (Finger- & Fuß-)Nagel-Akademien* – und leider auch nicht die *Akademie för uns kölsche Sproch* …

Aktivurlaub, Aktivreisen   Wehe dem Reiseveranstalter, der *Aktivurlaube* oder *Aktivreisen* aus seinem Programm nähme.

Seine Bilanz würde womöglich schon nach einer Saison in die Passiva kippen. Allein über die Frage, was denn unter *Aktivreisen* zu verstehen sei, scheinen die Auffassungen geteilt. Verheißt der *Aktivurlaub* des einen Veranstalters: Segeln, Mountainbiken oder Paragliden bis zum Abwinken, so bietet der andere unter demselben Namen Wohlfühlen, Sauna, Baden und Massagen. Passiv-Urlaub eigentlich – aber vielleicht ist ja der Pool mit Aktivkohle gereinigt oder es werden zu den Saunagängen Aktivkapseln gereicht.

Alterssitz, Altersruhesitz Der *Altersruhesitz* – auch *Alterssitz* genannt – bezeichnet allgemein die »Wohnumgebung (Ort, Wohnung, Haus), in die sich jemand im Alter zurückzieht«. Ein *Altersruhesitz* kann demnach genauso gut die Dacheinliegerwohnung im Haus der Tochter sein wie ein Platz im Altersheim oder die Zweizimmerwohnung mit Fahrstuhl im Herzen von Mainz-Gonsenheim. Anders stellt sich das Ganze in Presse, Internet und Fernsehen dar. Dort sieht sich der *Altersruhesitz* besonders oft von Begriffen wie »Immobilien«, »Halbinsel«, »Quadratmeter«, »Klima«, »kaufen«, »Träume« begleitet, womit deutlich wird, welcher Sektor hier längst das kollektive Bewusstsein prägt.

anfordern Lange hatte *anfordern* vor allem etwas mit einer gewissen Dringlichkeit zu tun. So wurde im Falle eines Notfalles schon mal die Bundesmarine angefordert, ebenso Feuerwehr oder Polizeischutz. Daneben konnten auch Bürger hin und wieder etwas anfordern: zum Beispiel Briefwahlunterlagen oder Rentenauskünfte. Erst seit sich die Bürger Anfang der 1990er Jahre zu *König Kunde* wandelten, dürfen sie auch abseits aller Dringlichkeit *anfordern*, was das Herz begehrt: vor allem Prospekte, Kataloge, Kostproben oder Probelektionen.

Asset Backed Securities   Unter Hedgefonds und Investmentbanken galten *Asset Backed Securities* (deutsch: forderungsbesicherte Wertpapiere) wegen des hohen Risikobonus lange Zeit als besonders attraktiv. Erst als auch andere Euphemismen infolge der US-amerikanischen Immobilienkrise über ihre eigenen kurzen Beine stolperten, wurde vielen Anlegern schmerzhaft bewusst, dass eine Forderung, die schließlich nicht bedient werden kann, eben keine Forderung ist, sondern allenfalls die Wunschvorstellung davon.

atmungsaktiv   *Atmungsaktive* (englisch: breathable) Textilien sind, wenn sie perfekt verarbeitet wurden, eine segensreiche Erfindung. Sie schützen im Idealfall den Körper vor Wind und Regen, während sie zugleich Schweiß in Form von Wasserdampfpartikeln nach außen dringen lassen. Dass solche Gewebe indes keineswegs »aktiv atmen« – egal, ob sie aus Mikrofasern gebildet sind oder mittels Membranen funktionieren –, sondern sich durchaus passiv verhalten, zeigt sich bei feuchtwarmer Witterung oder extremer körperlicher Belastung, wenn etwa die Klima-Membranen nur noch eingeschränkt funktionieren. So bleibt das »aktive Atmen« wohl nach wie vor Erde, Wasser und Luft vorbehalten sowie dem, was darin wächst, kreucht und fleucht.

attraktive Preise   Wer wissen wollte, was man unter *attraktiven Preisen* zu verstehen habe, konnte dies als Einzelhändler in einer kurz nach Euro-Einführung 2002 herausgegebenen Studie des Statistischen Bundesamts in Wiesbaden nachlesen. Demnach seien »glatte Preise« *attraktiv*, die auf null oder fünf enden (zum Beispiel 10, 15, 20 oder 35), ebenso »Schwellenpreise« (3,99 statt 4), die auf acht oder neun enden. Kaum minder *attraktiv* liest sich auch die Teuerungsrate, die das Bundesamt unmittelbar nach Euro-Einführung ermittelte: 1,6 Prozent. Das muss einem doch gesagt werden!

Beifang   Nach Schätzungen von Greenpeace werden von der Hochseefischerei weltweit jährlich 40 Millionen Tonnen Meeresbewohner gefangen, die nicht als ursprüngliches Fangziel gelten, darunter Delfine, Robben, Schildkröten oder Seevögel. Der so bezeichnete *Beifang* beträgt bis zu 80 Prozent der jeweiligen Fangquote und wird überwiegend als Discard (englisch für Abfall) entsorgt.

Bestpreis   *Bestpreis*-Angebote erzeugen den Eindruck, es handle sich um den jeweils günstigsten beziehungsweise niedrigsten Preis. Auf die begriffliche Goldwaage gelegt, kann damit aber genauso gut jener Preis gemeint sein, der dem Unternehmen den optimalen Ertrag verspricht.

Billiganbieter   *Discountern*, *Billigfluglinien* oder *Billigstromversorgern* haftet der Ruf als *Billiganbieter* meist so lange an, bis sie irgendwann aufgekauft werden, pleitegehen oder zu Normalpreis-Anbietern mutieren – manchmal sogar darüber hinaus. »Das Vergleichen ist das Ende des Glücks und der Anfang der Unzufriedenheit«, befand der dänische Philosoph und Theologe Søren Kierkegaard Anfang des 19. Jahrhunderts. *Billiganbieter* scheint es zu jener Zeit noch keine gegeben zu haben.

Bodyshaping   Kommt aus dem Englischen (wörtlich: Körper modellieren), klingt wie Bodyshaving und verheißt Mühelosigkeit, Wohlgeruch samt blendendem Aussehen. Wer schon »geshaped« hat, weiß: Dem ist nicht immer so.

Briefkastenoptimierung Nachdem die Post ab 2002 ihr Angebot erfolgreich »optimiert«, sprich: rund 1000 Postfilialen geschlossen hatte, kam der silbenreiche Euphemismus beim Briefkastenabbau in Tausenden Kommunen erneut zum Einsatz.

clever sparen Wer schlau und wendig ist und seine Möglichkeiten nutzt, galt hierzulande schon zu einer Zeit als *clever*, als Anglizismen noch die Ausnahmen waren. Mancher wurde sogar als »Cleverle« bezeichnet, so der seinerzeitige Baden-Württembergische Ministerpräsident Späth. 30 Jahre später hat sich das Adjektiv weltweit zum In-Begriff gemausert, besonders in der Werbung – sei es, indem man den Kunden zum *clever reisen*, *clever tanken* oder *clever einkaufen* ermuntert, sei es, dass man ihm den Weg zum *clever telefonieren* oder zum *clever sparen* weist. Dahinter steht stets das clevere Motto: »Clever ist, wer bei uns kauft!« Wie oder was müsste man wohl sein, um dabei stark zu bleiben?

Club Dass der englische Begriff *Club* beziehungsweise *Klub* ursprünglich für »Keule« beziehungsweise »Kerbholz« stand, focht im 19. Jahrhundert weder Club- noch Klubmitglieder an. Als sich dann irgendwann mit dem »K« auch die ursprüngliche Exklusivität von *Clubs* erledigt hatte, konnte im Grunde jede(r) einen solchen gründen. So auch Reinhard Mohn, der dem *Club* Ende der 1960er Jahre eine neue Bedeutung verlieh. Wen der vormalige »Bertelsmann Leseling« als Mitglied anwarb, der hatte in regelmäßigen Abständen ein Buch oder eine Schallplatte zu kaufen, und das war's. Keine Mitgliederversammlungen. Keine Vorstandswahl durch die Clubmitglieder. Nichts. Nur ein Katalog. In eine Kerbe ganz anderer Art schlagen heute Einzelhandelskonzerne, wenn sie etwa *Vorteils-Rabatte* für *Vorteils-Club-* oder *Fan-Club*-Mitglieder bieten. Hier verpflichtet die Club-Mitgliedschaft zwar (noch?) nicht zum regelmäßigen Einkauf, dafür dient sie zur Erfassung von Kundendaten und Kaufgewohnheiten. Wie hieß *Klub* noch mal ursprünglich auf Englisch?

Computerspiel Was unterscheidet Computerspiele von Gesellschaftsspielen wie Halma, Vier gewinnt oder Mensch-ärgere-dich-nicht? Dass die letztgenannten zwischen zwei oder mehr Personen gespielt werden, während der Computerspielefreak seinem virtuellen Spielpartner meist allein gegenübersitzt? Der Einwand zählt nicht mehr, seit es Spiele-Foren im Internet gibt, in denen sich Tausende Mitspieler zur gleichen Zeit am selben Spiel beteiligen und sich beliebig miteinander verständigen können. Ein anderer Unterschied? Vielleicht hilft die Definition des niederländischen Kulturanthropologen Johan Huizinga weiter, der das Spiel als »freiwillige Handlung oder Beschäftigung« ansah, die neben einem »Gefühl der Spannung und Freude« in einem Bewusstsein des »Andersseins als das gewöhnliche Leben« stattfinde. Spannung und Freude? Unbedingt – auch wenn man den Suchtaspekt nicht außer Acht lassen darf. Aber spielt der nicht auch bei Skat & Co. gelegentlich eine Rolle? Anderssein als das gewöhnliche Leben? Da könnten angesichts dreidimensionaler Cyberräume schon mal Zweifel aufkommen. Auch wenn jener innere Zustand, bei dem das Spielbewusstsein das Umgebungsbewusstsein gleichsam wegbeamt, auch jedem leidenschaftlichen Schachspieler bekannt ist. Gibt es also gar keinen signifikanten Unterschied zu traditionellen Geschicklichkeits-, Wettbewerbs- oder Gesellschaftsspielen? Na ja, einen Unterschied gibt es eben doch: Bei allen *Computerspielen* sitzt immer ein unsichtbarer Dritter mit am Tisch – der Software-Entwickler. Er bestimmt, ob man das von ihm entwickelte Spiel überhaupt gewinnen kann. Die meisten kann man nämlich nicht gewinnen! Egal, wie viele Moorhühner man abballert: Am Horizont tauchen immer neue auf! Egal, ob man von PacMan schon im ersten oder erst im zehnten Level gefressen wird: Irgendwann holt er einen. Der Spieler kann nur dann siegen, wenn dem Software-Entwickler danach ist. So nährt sich das Erfolgserlebnis des Spielers allenfalls aus dem möglichst späten Zeitpunkt der Niederlage. Den aber kann man oft durch den Erwerb virtueller Gimmicks (Schwerter, Panzer, Muskeln oder Schilde) gegen reale Euro ganz schön lange hinausschieben. Wer wollte da noch gewinnen?

Direktbanken ... sind Banken, mit denen der Kunde mangels Filialnetz und sichtbarer Ansprechpartner meist höchst indirekt verkehrt, sei es über das Internet, über Callcenter und/oder unabhängige Finanzvertriebe.

Discounter ... fangen alle sensationell billig an. Ist der Ruf als *Billiganbieter* etabliert, beginnt sehr oft der Aufstieg hin zum Normalpreisanbieter und damit das Drehen an der Preisschraube bei gleichzeitigem Sortimentsausbau. Das geht so lange, bis man mit den Normalpreisanbietern der Branche gleichgezogen hat. Was in vielen Fällen dauerhaft »discount« bleibt, sind indes die Löhne der Mitarbeiter.

Duft Anders als der mittelhochdeutsche tuft (= Geruch, Nebel, Dunst) taucht der heutige *Duft*-Begriff stets dort auf, wo es um die Beschreibung von Wohlgerüchen geht, wie etwa bei Blumen, Parfüm, Honigkuchen oder gebrannten Mandeln. Ganz anders jene Produkte, deren Name bereits vom Duft kündet, zum Beispiel *Duftkerzen*, *Duftöle*, *Duftsteine* oder *Duftsprays*. An ihnen wird immer mal wieder deutlich, dass unser *Duft*-Wahrnehmungsspektrum von blumig bis übel reicht.

Easy Shopping Geschmeidiger Anglizismus für Ratenkauf. Dem flüchtigen emotionalen Vorteil für den Käufer in Form rascher Bedürfnisbefriedigung stehen nachhaltige materielle Vorteile des Verkäufers gegenüber wie: Kundenbindung, Umsatzplus sowie Detailinformationen über den Kunden.

Ehehygiene Wer die Internetseiten des Erotik-Versenders Beate Uhse Shopping besucht, dem werden dort jede Menge Sexartikel angeboten. Das Suchwort *Ehehygiene* indes ergibt null Treffer. Das war 1962 noch ganz anders, als Firmengründerin Beate Rotermund-Uhse in Flensburg den ersten Sexshop der Bundesrepublik eröffnete und als »Fachgeschäft für Ehehygiene« deklarierte. Dennoch bewahrte sie der Euphemismus nicht vor einer bis in die 1990er Jahre anhaltenden Anzeigenflut. Immer wieder hatten die Gerichte zu prüfen, ob die geschäftlichen Aktivitäten der ehemaligen Stuntpilotin nicht in Wahrheit »der unnatürlichen, gegen Zucht und Sitte verstoßenden Aufpeitschung und Befriedigung geschlechtlicher Reize« dienten (aus: Cathrin Kalweit, »Jahrhundertfrauen«). Dass sich ausgerechnet die Sexindustrie selten euphemistisch tarnt, hat sicher viel mit jener biedernatürlichen Art zu tun, in der Beate Uhse dem Medienpublikum »Sex« als die »notwendigste Angelegenheit der Welt« verkaufte.

Einkaufsoasen & Einkaufsparadiese ... verheißen »palmenumsäumte Wasserstellen« auf ehemals »grüner Wiese«. Wenn da nur nicht der unparadiesische Autoverkehr wäre! Aber vielleicht handelt es sich ja bei alldem nur um eine »Fata Morgana«?

Erlebnisgesellschaft, Erlebniskultur Spätestens zu Beginn der 1990er Jahre konstatierten Soziologen ein auf rasche Genussbefriedigung zielendes Verhalten breiter Bevölkerungsschichten. Während folgerichtig das Angebot an *Events, Erlebnisparks* oder *Abenteuerreisen* wuchs, etablierten sich zugleich Begriffe wie *Überflussgesellschaft, Spaßgesellschaft* oder *Erlebnisgesellschaft*. Dabei ergab eine Untersuchung des Ludwig-Boltzmann-Instituts für angewandte Freizeitwissenschaft bei erlebnisbetonten Freizeitaktivitäten deutlich niedrigere Zufriedenheitswerte als etwa bei Wochenendreisen, Zoo- oder Konzertbesuchen. *Erlebnisgesellschaft?* Wenn's denn stimmt, scheint etwas nicht zu stimmen.

exklusiv Auch wenn sich etliche Vereinigungen, Vereine oder Verbände einiges auf ihre *Exklusivität* (vom lateinischen excludere = ausschließen) zugute halten, kann im Prinzip jeder Normalbürger *Exklusivität* erwerben, indem er Produkte kauft, die das Label *exklusiv* tragen – von Stoffen bis Parfüms, von Küchen bis Pauschalreisen. Am wenigsten *exclusiv* – obwohl mit »c« geschrieben – ist indes das gleichnamige People-Magazin von RTL. Hier ist das Zuschauen in jeder Hinsicht umsonst.

Fahrzeugpark Vom mittellateinischen parricus (= Gehege) abgeleitet, bezeichnete Park (französisch: parc) ursprünglich ein Tiergehege, später einen großräumigen Landschaftsgarten, der – außer durch frisches Grün – durch zweierlei gekennzeichnet ist: durch Stille und besonders sauerstoffreiche Luft. All das bieten weder der *Fahrzeugpark* noch der *Entsorgungspark*, und schon gar nicht der *Industriepark*.

fairer Wettbewerb »Mit dem vorliegenden Straßenpaket schaffen wir die Grundlagen für fairen Wettbewerb auf deutschen Straßen«, jubelte Bundesminister Tiefensee nach einer EU-Ministerratskonferenz. Wer da etwa gehofft hatte, dass auf Deutschlands Autobahnen ab sofort ein vergleichbares Tempolimit wie in anderen EU-Staaten gelte, irrte. Gemeint waren *Zugangsregelungen* für nichtdeutsche Transportunternehmer. Sei's drum. *Fairer Wettbewerb* ist trotzdem allgegenwärtig: in Tausenden Bekundungen, Statements und Publikationen – wenn auch meist begleitet von dem Verb »fordern«.

fangfrisch Welcher fern der Meeresküsten lebende Gourmet würde da wohl zugreifen, wenn ihm sein Fischhändler eisgekühlte Tentakel oder Kiemenflosser als »Lagerware« oder »mehrere Tage gelagert« anböte? *Fangfrisch* klingt da doch ungleich appetitlicher – *frisch* eben. Zumal nicht zu leugnen ist, dass alle Fische in der Tat nur in frischem Zustand ins Netz gehen. Bis er dann auf dem Feinschmecker-Teller landet, mögen zwar Tage oder schon mal Wochen vergehen. Der Fisch bleibt jedoch *fangfrisch*, bis die Tiefkühltruhe kollabiert!

Feh *Blacktail* (Mountain) ist ein Skigebiet im US-Staat Montana. Angehörige der Familie *Sobalsky* heißen mit Vornamen John, Mary oder Susan und leben gleichfalls in den USA. *Feh* nennt sich manch ein Fachverband des elektrischen Handwerks. Gemeinsam mit *Telentka* (wahlweise *Teleutka*) führen alle vier Begriffe eine Zweitexistenz in der Pelzindustrie, wo man mit diesen vier Produktnamen das Eichhörnchen vergessen machen möchte.

Flatrate ... war ursprünglich englisch und bedeutete dort unter anderem Pauschalpreis. Seit das Wort ins Deutsche konvertierte, heißt *Flatrate* nur noch *Flatrate*. Sie erfreut sich als Angebot von Kabelnetz- oder Mobilfunkanbietern wachsender Beliebtheit, seit Anbieter auf zusätzliche Telefongebühren verzichten und den Datenverbrauch allenfalls per »Fair limit« einschränken. Bleibt noch Roaming, jene Gebühren, die zig Millionen Europäer jährlich bei Handytelefonaten aus dem Auslandsurlaub zusätzlich zur *Flatrate* berappen. Aber schon melden sich die ersten Anbieter, die auch diesem Umstand abhelfen. Wer sagt's denn: Wir bauen Europa! Und die Mobilfunkbranche eilt voran! Oder so ähnlich.

fluffig »Woher kommt eigentlich das Wort ›fluffig‹«, fragt jemand im iQ-Forum eines Internet-Suchportals. Alternative Antworten: 1.: Von Jürgen von der Lippe, 2.: Wenn wer Gas im Bauch hat. Beide Antworten kann man als Hinweis darauf verstehen, dass Internetnutzer entweder keine Fernsehkochshows gucken oder dass Kochshow-Fans sich im Internet eher mit Ratschlägen zurückhalten. Sonst hätte die Antwort lauten müssen: *Fluffig* (von englisch fluffy = flaumig) steht in Kochsendungen als lautmalendes Allzweckprädikat für alles, was flauschig, luftig oder locker geraten ist. Wie alle angesagten Begriffe beginnt sich auch dieser sprachliche Weichmacher unaufhaltsam auszubreiten: *Fluffige* T-Shirts, *fluffige* Mützen und *fluffige* Teddybären sind schon auf dem Markt, *fluffige* Schokolade und *fluffiges* Knäckebrot(!) ebenso, *fluffiges* Klopapier (jede Wette!) wird folgen, und wer sich bislang zu dick fand, wird sich künftig sowieso allenfalls ein bisschen *fluffig* fühlen. Ach ja, »fluffy« steht im Englischen übrigens auch für »belanglos«.

Forever young Spätestens seit dem gleichnamigen 1980er-Jahre-Hit der Popgruppe *Alphaville* erweist sich die Frischeformel als eminent verkaufsfördernd. Legt man den Anglizismus indes auf die Goldwaage (was ja der Sinn des vorliegenden Buchs ist), so bietet *forever young* allenfalls Motivationshilfe für eine bewusste Lebensführung. Der unaufhaltsamen Zellalterung wirken einstweilen auch die ausgeklügeltsten *Anti-Aging*-Programme nicht entgegen. Eher gilt da schon für manche Glücksverkünder: Forever rich!

Formel Manche *Formeln* sind laut und haben Millionen Fans, allen voran die Formel 1. Andere sind gefürchtet und werden deshalb in der Regel schnellstmöglich wieder vergessen. Gemeint sind nicht Gruß- oder Eidesformeln, sondern jene Mathe-Formeln, an denen sich Schülergenerationen nach wie vor abarbeiten. Wieder andere Formeln stehen für die knappe Zusammenfassung von Gedankengebäuden und sind daher oft recht ungenau. Blieben jene, bei denen keiner so recht weiß, wieso sie eigentlich *Formel* heißen. Die *Sauberkeitsformel* etwa, oder die *Anti-Fett-Formel*. Besonders aber die *Frischeformel*. An dieser sind, so die jeweiligen Herstellerangaben, sowohl WC-Duftspüler wie auch Kaviar und Super-Haftcremes teilhaftig. Was manchen Kaviarliebhabern möglicherweise zu denken gibt.

Gaewolf Seitdem bekannt ist, dass sich hinter dem exotisch anmutenden Pelzlieferanten niemand anderer verbirgt als der Haushund (koreanisch: gae), hat sich die Pelzindustrie neue Verhüllungsbegriffe einfallen lassen. So kommen verarbeitete Hundefelle mittlerweile auch als *Asian Wolf*, *Wolf von Asien* oder *China Wolf* in den Handel, ebenso als *Asiatic Raccoon* beziehungsweise *asiatischer Waschbär*, als *Corsac Fox*, *Asian Jackal*, *Sakhon Makhon Lamb*, *Dogskin*, *Dogue de Chine*, *Dogue of China*, *Finnraccoon*, *Gubi*, *Kou pi*, *mountain goat skin*, *Nakhon Pemmernwolf*, *Seefuchs*, *Sobaki* oder sogar als *Lammleder*.

ganzheitlich Ganzheitlich betrachtet brachten Ganzheitsmedizin oder *ganzheitliche* Lernmethoden die fällige Antwort auf unvernetztes Spartendenken. Wo einem so viel *ganzheitlich* Gutes widerfährt, konnte die »ganzheitlich gesunde« Produktpalette für Mensch, Tier und Haushalt nicht auf sich warten lassen. Mag sich die eine vielleicht durch *ganzheitliche* Meditationsseminare irritiert fühlen, kann der andere mit *ganzheitlichem* Zahnersatz schon eher etwas anfangen. Wären noch der *ganzheitliche* Tourismus zu erwähnen, die *ganzheitlichen* Reitstunden, *ganzheitliche* Kommunikationstechniken, *ganzheitliche* Fußbodenprodukte und *ganzheitliche* Abrechnungsprozesse – Letztere einstweilen nur in einzelnen medizinischen Praxen. Aber das wird schon noch.

Garantiefonds Die einzige Garantie bei *Garantiefonds* sei, so Merten Larisch, Finanzexperte der Verbraucherzentrale Bayern, »dass man keine gute Rendite rauskriegt«. Aber immerhin sein Geld zurück, was in der Nach-Ära von Subprime & Co auch nicht gerade wenig ist.

Geheimtipp Eine touristische, kulinarische oder preisliche Empfehlung, die vom Zeitpunkt ihrer Veröffentlichung an vieles sein mag – nur nicht mehr geheim!

Geiz … sei »geil« und mache »sich bezahlt«, versprachen zu Anfang des Jahrzehnts zwei bekannte Werbeaussagen. Natürlich war damit nicht gemeint, dass die Verbraucher ihr Geld nun lieber im Sparstrumpf verstecken sollten, anstatt es zum entsprechenden Markt zu tragen. Nun, da immer mehr Verbraucher *Geiz* als scheinbar taugliches Rezept gegen Wirtschaftskrisen aller Art ansehen, sind solche Slogans auch wieder aus den Medien verschwunden. Dabei handelt es sich um ein nicht ganz neues Phänomen. Man denke nur an die Entwicklungen infolge der Industrielle Revolution, als sich *Geiz* schon einmal von seiner ursprünglichen Bedeutung (Habgier) zur »Knauserei« wandelte.

Geld-zurück-Garantie Dass die vollmundige *Geld-zurück-Garantie* sich im Nachhinein gelegentlich allenfalls als Warengutschrift entpuppt – falls der Anbieter die Rücknahme nicht überhaupt verweigert –, ist Konsumenten und Verbraucherschützern nicht ganz neu. Dabei gilt generell: Ein Recht des Kunden auf Kaufpreisrückerstattung gibt es nach deutschem Gesetz nicht. Es sei denn, die gekaufte Ware weist Mängel oder Fehler auf. In diesem Fall besteht ein Anspruch des Kunden auf fehlerfreien Ersatz – sofern er den Kassenbon noch besitzt. Nur wenn der Anbieter den Ersatz nicht leisten kann, muss er den Kaufpreis erstatten. Und sogar bei der *Geld-zurück-Garantie* ist er nur dann dazu verpflichtet, wenn diese Garantie auf dem Kassenzettel vermerkt steht!

Gewinnwarnung »Unwissenheit ist Stärke« lautet eine der Neusprech-Paradoxien aus George Orwells utopischem Roman »1984«. In der realen Welt des Jahres 2009 mangelt es zwar weniger denn je an Versuchen, die Wirklichkeit verbal auf den Kopf zu stellen (siehe: *Negativwachstum, Vorwärtsverteidigung*). Doch stößt sich die vordergründige Absicht, anders als bei Orwell, am scheinbar unbegrenzten Wissenszugang unserer Epoche. Folglich würde es heutzutage keinem Konzernpressesprecher mehr einfallen, die Ankündigung von Bilanzverlusten als *Gewinnwarnung* zu verkaufen, oder?

gratis Wenn es auf dem Werbeflyer einer Supermarktkette heißt: »Zwei (Schachteln Cornflakes, Flaschen Eierlikör) bezahlen – eine gratis!«, so zielt die Absicht des Anbieters darauf, drei (statt keiner) zu verkaufen. *Gratis* ist für den Kunden allenfalls die Erkenntnis, dass man hier den guten alten Mengenrabatt als Geschenk verpackt.

günstig   Wem das Schicksal seine Gunst erweist, dem beschert es hin und wieder *günstige* Lebensumstände, *günstige* Wetterbedingungen oder *günstige* Gelegenheiten. Bei *günstigen* Angeboten oder *günstigen* Preisen ist dagegen weniger das Schicksal federführend als die Hand der jeweiligen Werbeabteilung. Darum lauten die Synonyme im ersten Fall auch »wohlwollend«, »aussichtsreich« oder »gnädig« und im zweiten »herabgesetzt« oder »billig«. Ob's stimmt, erweist nicht das Schicksal, sondern der Vergleich.

Gütesiegel oder Gütezeichen   *Gütesiegel* oder *Prüfzeichen* – wahlweise auch Label, Plakette oder Prädikat genannt – dienen dazu, die Qualität eines Produkts herauszustellen. Nach welchen Kriterien die jeweilige Prüfung und Vergabe erfolgte und worauf sich die positive Beurteilung im Einzelnen bezieht, ist dem Siegel meist nicht anzusehen. Auch ob die Prüfung durch ein staatliches, öffentlich-rechtliches oder privatwirtschaftliches Institut erfolgte oder ob gar Abhängigkeiten zwischen Prüfenden und Geprüften bestehen, lässt sich beim Kauf kaum feststellen. Fazit: Unabhängigkeit, Überprüfbarkeit und Transparenz bei *jedem Gütezeichen* läge sowohl im Interesse der EU- »Lordgütesiegelbewahrer« als auch dem der Verbraucher.

Hammerpreise   *Hammerpreise* sind »wahrhaftig zwiefach Ding«, würde der Schriftsteller Ludwig Ganghofer möglicherweise sagen. So steht etwa bei Auktionen der *Hammerpreis* für jenen Betrag, zu dem ein Hammerschlag durch den Auktionator erfolgt – mithin für den höchsten Betrag in dieser Auktion. (»Der Hammerpreis für den Van Gogh betrug bei Christie's 24,5 Millionen Dollar«). Tauchen *Hammerpreise* (ersatzweise *Preishämmer*, *Preisschlager* oder *Preissensationen*) dagegen in der Werbung auf, so zielt die Verheißung in Richtung Tiefstpreise. Empfehlung: Wer keinen »Hammer« hat, der kaufe Waren mit Rabatt.

hautidentisch Der lateinische Ursprung des Begriffs identisch (idem = der-, die-, dasselbe) weist darauf hin: Zwei Dinge sind identisch, wenn sie vollkommen miteinander übereinstimmen. Auch ohne dass man Aufbau und Wirkungsweise des flächengrößten menschlichen Organsystems Länge mal Breite repetiert, ist klar: Angeblich *hautidentische* Stoffe wie Glycoderm, Hyaluronsäure und Zytokine mögen manch positive Eigenschaft haben – mit unserer Haut *identisch* sind sie nicht.

Hit Ob ein Film, ein Musiktitel oder ein Buch zum *Hit* wird, darüber entscheiden bekanntlich Verkaufs- oder Besucherzahlen. Anders bei *Wohnungs-Hits, Preis-Hits, Tagesmenü-Hits, Angebots-Hits* oder *Billig-Hits*. Darüber entscheidet zunächst allein der Anbieter.

hochkarätig Edelsteine von hohem Karat oder Legierungen mit hohem Goldanteil sind ohne jeden Zweifel *hochkarätig*. Dass eine Diskussionsrunde, an der zwei Nobelpreisträger und ein Ex-Bundespräsident teilnehmen, *hochkarätig besetzt* ist, möchte vermutlich ebenfalls niemand bestreiten. Wer indes den Begriff im Internet eingibt, darf rund 200.000-mal darüber staunen, dass es offenbar kein Konzert, kein Symposion, keine Tagung, kein Fußballturnier, kein Sängertreffen und keinen Workshop im Lande gibt, der nicht *hochkarätig* besetzt wäre.

Individuelle Lösungen sowie maßgeschneiderte Angebote gibt es naturgemäß dort, wo Anbieter beim Kunden Maß nehmen und dabei die *individuellen* (von lateinisch *individualis* = das Einzelwesen betreffend) Wünsche des Kunden berücksichtigen. Wer indes als Möbelhersteller »individuelle Lösungen« für »fünf Verbraucher-Typen(?)« auf Lager hält, der stapelt seine Angebotspalette ähnlich hoch wie eine Versicherung, die ihre »maßgeschneiderten Angebote« allenfalls aus einem vorgefertigten Tarif-/Risiko-Schema zusammenstellt.

innovativ   Als zukunftsweisend oder innovativ wurden jahrelang besonders jene Finanzwetten gehandelt (Stichworte: *Derivate, Subprime*), die sich beim Finanzcrash 2008 als traurige Luftnummern entpuppten. Dabei hätte man bereits im Oktober 2007 nachlesen können, was das Oberlandesgericht München zum Begriff *innovativ* verlauten ließ, als es über die Prospekthaftung eines Fondsanbieters entschied. Dessen Revisionsantrag gegen das Ersturteil wies das OLG München mit der Begründung zurück, besagter Prospekt beschränke sich »im Wesentlichen darauf, die Kapitalanlage euphemistisch als innovative (…) Chance für Wachstum und Wertsteigerung darzustellen«.

klimaneutral   … zählte 2007 zu den »Unwörtern des Jahres«, obwohl es vom *klimaneutralen* Fliegen bis hin zum *klimaneutralen* Bauen kaum noch einen energieverbrauchenden Sektor gibt, der nicht mit diesem Begriff wirbt. Kritisiert wurde von der »Unwort«-Jury »der Versuch«, mit dem Begriff *klimaneutral* für eine »Steigerung CO_2-haltiger Techniken zu werben, ohne dass deutlich wird, wie diese Klimabelastung neutralisiert werden solle«.

Klimazone   Erdregionen, in denen ähnliche klimatische Bedingungen herrschen, gelten gemeinhin als *Klimazonen*. Eine der Gemeinsamkeiten von Mensch und Pinguin beruht zum Beispiel darauf, dass beide die unterschiedlichsten *Klimazonen* bevölkern.

So brüten etwa Humboldt-Pinguine mal in tropischen, mal in subtropischen Klimazonen, während Gelbaugen-Pinguine gemäßigteres Klima bevorzugen. Dass auch Hühneraugen gelegentlich von *Klimazonen* profitieren, ist indes allein der Schuhindustrie zu danken. Sie entwickelte kleine Aussparungen im Leder, die sowohl für Luftzufuhr als auch für Luftabfuhr sorgen. Ähnlich sorgen auch Matratzenauflagen durch *Klimazonen* für Belüftung. Ob das auch zu einem *klimaneutralen* Schlaf führt, steht indes dahin.

Kompaktkonto Frage: Wie wäre es wohl um die Welt bestellt, kämen nicht seit Jahr und Tag alle möglichen Produkte explizit kompakt daher – allen voran der Kompaktkleber? Antwort: Sie würde vermutlich aus den Fugen gehen! Der Springer-Konzern hat offenbar die Gefahr erkannt und steuert ihr inzwischen mit einem »kompakten« Welt-Format entgegen. Während *Kompaktgeschirrspüler* und *-waschmaschinen* ohnehin als die ultimative Lösung gelten, würde sich jeglicher Lernstoff vermutlich umgehend verflüchtigen, könnte man ihn nicht in *Kompaktsprachkursen* oder *Kompaktseminaren* haltbar verpacken. Auch die jüngste Automobilkrise wurde durch alles andere ausgelöst als ausgerechnet durch die *Kompaktklasse*. Während sich das Sparkassen-*Kompaktkonto* auch außerhalb von Krisenzeiten bewährt, ist auf dem Kameramarkt ohnehin fast alles *kompakt*, was nicht spiegelreflex ist. Ach ja: Das Wort *kompakt* ist vom lateinischen compingere abgeleitet, und das heißt wahlweise zusammenschlagen oder zusammenfügen. Fast ein Spiegelreflex des richtigen Lebens.

König Kunde … des 21. Jahrhunderts lässt sich von der automatischen Servicenummer-Ansage klaglos in die *Warteschleife* schieben, lernt unter Zeitdruck, Fahrkartenautomaten zu bedienen, sucht in Warencentern und Baumärkten mangels sichtbaren Personals geduldig nach der richtigen Abteilung, steht im Schnellrestaurant nach Essen und Getränken an, honoriert telefonischen *Mehrwertnummern*-Service mit horrenden Stundensätzen – und hat längst vergessen, dass es einst über 1000 Postämter mehr gab, er mit direkt anwählbare Kundenberatern sprechen konnte und dass die Müllabfuhr im vorigen (= 20.) Jahrhundert noch überall kostenlos Sperrmüll abholte.

kostenlos Eine Zeitlang sah es so aus, als läge dem »royalen« Internet-User die virtuelle Konsumwelt zu Füßen und er müsse nur huldvoll zugreifen. *Kostenlos*, versteht sich. Wer in diesem Schlaraffenland die ständig neu entwickelte Gratissoftware finanzieren sollte, die zigtausend über Tauschbörsen kursierenden MP3-Musiktitel oder die kostenlose Zeitungslektüre – was hätte das den gelernten User interessiert. Doch dann platzte die Internet-Blase, und es begann sich mit dem virtuellen Schlaraffenland auch die Bedeutung des Wörtchens *kostenlos* zu wandeln. Zwar kann man den Großteil der PC-Software nach wie vor *kostenlos* downloaden, doch dann hört der Gratis-Spaß immer öfter auf. Ist diese Software erst einmal auf der Festplatte des Users installiert, funktioniert sie entweder nur eingeschränkt, oder der Nutzer muss nolens volens zum »Buyer« werden (gesprochen: Bayer).

kreativ Der Anwendungsnutzen des lateinischen Verbs creare (= schaffen, schöpfen) erschöpfte sich lange Zeit in der Kreatur sowie in Modekreationen, womit der exklusive Charakter von Schöpfungsvorgängen festgeschrieben schien. Erst mit der Eindeutschung des englischen creative begann sich Kreativität zu demokratisieren. *Kreativ* ist seitdem gleichsam alles und jeder –

vom Wohnen bis zum Urlaub, vom Koch bis zum Bastler. Daher reicht es auch längst nicht mehr, einfach nur zu schreiben, zu zeichnen oder zu gärtnern. Wer nicht mindestens in einem *Kreativ-Workshop* das *kreative Schreiben* oder den *kreativen* Umgang mit Menschen oder Materialien gelernt hat, braucht gar nicht erst auf die *kreative* Jobsuche zu gehen. Es sei den, er wäre sowieso bereits Creative Director.

Kundeninformation Seit Minoru Tominagas Bucherfolg »Die kundenfeindliche Gesellschaft« zeigt sich die ehemalige Servicewüste Deutschland durchaus *kundenfreundlich* gewandelt. Von *Kundenorientierung* ist seitdem ebenso oft die Rede wie von *Kundenbetreuung* und *Kundenberatung*. Nicht selten wird Kundenbedürfnissen und Kundenwünschen gar in Kundencentern entsprochen, was sowohl die *Kundennähe* fördert als auch zur *Kundenzufriedenheit* beitragen kann. Dass Letztere angesichts der Kundeninformationen von Energieversorgern meist ausbleibt, liegt indes nicht an der kundenfreundlichen Gestaltung, sondern daran, dass sich hinter besagten Informationen fast immer Tarif- und Preiserhöhungen verstecken.

Lachseminar Nicht nur das Fernsehprogramm ist manchmal zum Lachen (mit Ausnahme der Comedy-Schiene am Freitagabend), auch sonst scheint das Lachangebot hierzulande stetig zu wachsen: von Lachyoga über Lachtherapien hin zur Lachmeditation sorgen *Lachseminare* oder *Lachtraining* allerorten dafür, dass weder *Humoreinsteigern* noch *Humorexperten* das Lachen vergeht. Und das alles ist für »umsonst« bis hin zu »gar nicht teuer« – da lacht sogar der Geldbeutel.

Land & Liebe   Gibt es einen Begriff, der noch positiver klingt als *Land*? Man denke nur an die Landfrau oder den Landwirt, an Heimatland und Landsmannschaft, an Landluft und Landschaftspflege. Klar, *Liebe* ist natürlich noch positiver besetzt. Mancher mag sich daher wundern, dass der Privatsender RTL sein Erfolgsformat *Bauer sucht Frau* nicht *Landmann sucht Liebe* genannt hat. Eine derartige Verknüpfung wird einstweilen nur von drei Lebensmittelanbietern zu Markte getragen. Einer davon schloss inzwischen die Lücke zwischen *Land* und *Liebe* und erklärte, dass seine Milchprodukte künftig ohne gentechnisch veränderte Pflanzen im Tierfutter produziert würden. Positiver geht es wirklich nicht mehr.

Lipi   ... *Cypernkatze, Genotte, Goyangi, Housecat, Lyrenkatze, Maopee, Maopi, Mountain Cat, Maupi oder Wild Cat* sind allesamt Produktbezeichnungen, unter denen vor allem die Haut der Hauskatze zu Markte getragen wird.

Massagesalon   Als in den 1960er Jahren der Begriff *Massagesalon* als Tarnwort für Bordellbetrieb aufkam, wurde eine der dort arbeitenden »Masseusen« im Interview gefragt, was sie denn tue, wenn ein Kunde wirklich eine Massage verlange. Antwort: »Dann massier' ich ihn eben.« Heute kommt es diesbezüglich kaum noch zu Verwechselungen, vorausgesetzt, das sogenannte *Rotlichtmilieu* entdeckt nicht noch den Begriff »Massagepraxis« für sich.

Mehrwertnummer   Hätte es im 8. Jahrhundert bereits Telefon sowie sogenannte *Mehrwertnummern* gegeben – jene Telefonnummern also, die etwa mit 0900 oder 0190 beginnen –, so wäre den Zeitgenossen eines klar gewesen: »Das ist teuer!« Bedeuteten doch die Begriffe Wert und Preis (mittelhochdeutsch: pris) zu jener Zeit so ziemlich dasselbe. Wohlgemerkt: zu jener Zeit!

Hier zählt der Mensch »In erster Linie zählt der Mensch«, befand die Sparkasse, und viele, viele folgten: Der Personaldienstleister (»Bei uns zählt der Mensch«), der Strukturvertrieb (»Für uns zählt der Mensch«), der Kreisverband von Bündnis 90/Die Grünen ebenso wie das Ausbildungsinstitut (»Was zählt, ist der Mensch!«) oder das Versandhaus (»Jeder Mensch zählt!«). Und auch manch Finanzberater bewegt sich am liebsten »da, wo der Mensch zählt«. Die Frage, warum das so ist, wurde von dem österreichischen Kabarettisten Alfred Poier beim Eurovision Song Contest 2003 abschließend beantwortet: »Weil der Mensch zählt!«

Mitbewerber Zwar läuft der *Mitbewerber* sprachlich neben dem Konkurrenten her (der wörtlich eher als Mitläufer anzusehen wäre), dennoch verbindet beide, allem »Mit« zum Trotz, eher existenzielle Gegnerschaft.

Mitnahmepreis Da der Dalass-Preis noch nicht erfunden wurde (vermutlich wäre er niedriger als der *Mitnahmepreis*), muss man den *Mitnahmepreis* als jenen Preis ansehen, zu dem man die gekaufte Ware mitnimmt. Der Mitnahmepreis für eine Flasche Bier läge demnach zwischen 50 Cent und 1 Euro, was natürlich Unsinn ist, da man eine Flasche Bier, nachdem man sie bezahlt hat, so oder so mitnimmt. Anders verhält es sich offenbar mit jenen Flaschenweinen, Gartenartikeln, Klappregalen oder Autos, die man gar nicht anders erwerben kann als zum *Mitnahmepreis*.

Nachsaison, Vorsaison, Zwischensaison Ähnlich wie sich zum Wohnsitz mit wachsendem Wohlstand zuweilen der Zweitwohnsitz oder Drittwohnsitz gesellte und der Vor- und Zuname nach der Wiedervereinigung sporadischen Zuwachs durch den Hinternamen erhielten, hat sich auch die touristische Saison in zahllose Unter-Saisons aufgesplittet wie etwa die Wintersaison, die Skisaison, die Freiluft-, Urlaubs-, Sommer-, Bade-, Weihnachts- oder Grippesaison. Während die vorgenannten Saisons ihren Hinternamen zu Recht tragen, ist *Vorsaison*, *Nebensaison*, *Nachsaison* und *Zwischensaison* nun mal der Umstand zu eigen, dass sie vor, neben, nach oder zwischen den Saisons liegen.

Nebenkosten   Wie in Deutschland nicht anderes denkbar, ist die Höhe der erlaubten Miet-Nebenkosten durch eine Reihe von Gesetzen, Verordnungen und Urteilen zumindest der Sache nach geregelt. Das hindert jedoch so manchen Vermieter nicht daran, in besagten *Nebenkosten* eine Nebenmiete zu verstecken.

neu   Zur Zeit der Belle Époque boomten in und außerhalb von Paris die Boulevardkomödien Georges Feydeaus. Die Komik schöpfte sowohl aus der uhrwerkartigen Abfolge von Peinlichkeiten und unerwünschten Begegnungen als auch aus dem jeweils allerneuesten Schnickschnack, den Feydeau genial in seine Stücke einzubauen wusste. Doch kaum waren jene technischen Neuerungen überholt, verloren die Stücke schlagartig an Attraktivität. Ähnliches gilt für jene 1950er-Jahre-Filme, die bei der Ausstattung auf das jeweils allerneueste Interieur setzten und die heute besonders verstaubt wirken. Was lehrt uns das? Nichts veraltet so nachhaltig wie das, was unter dem Label *neu* oder jung daherkommt. Das gilt gleichermaßen für: »neueste Nachrichten«, »neues Kleid«, »neues Darlehen«, »neues Jahr«, »neuestes Modell«, »neues Deutschland«, »neue Vorsätze«, »neue deutsche Welle«, »junge Wilde« oder »junge Liebe«.

neutral   Dass eine Seife deswegen als *hautneutral* bezeichnet wird, weil ihr pH-Wert dem unserer Haut entspricht, hat man als Verbraucher inzwischen einigermaßen kapiert. Auch möchte man einem Shampoo gerne glauben, dass dessen *haarneutrale* Aminosäure-Tenside »zur schonenden Reinigung strukturgeschädigter Haare« beitragen (wenngleich der Begriff »strukturgeschädigt« die Frage provoziert, ob sich hinter dem hübschen Wort *Tönung* doch mehr versteckt als nur Schönung). Kritischer wird der Verbraucher aber, wenn sich nach dem Genuss von Kieselerde oder Rapsöl ungeachtet von deren *Geschmacksneutralität* eben doch ein Nachgeschmack einstellt, oder wenn sich die *Geruchsneutralität* eines WC-Deos eher als Geruchs-Beschönigung erweist.

Null (0)-Euro-Handy   Unverwüstlicher Gratis-Anreißer von Mobilfunkanbietern. Wer den damit verbundenen Langfristvertrag durchrechnet, durchblickt die Kalkulation.

nur   *Nur* 48,50; *nur* 159 –; *nur* 4,99? *Nur* der Vergleich erweist, ob's stimmt.

Öko   Wer mithilfe von Suchportalen in Zeitungsarchiven stöbert, um herauszufinden, in welchen Zusammenhängen die Abkürzung *Öko* (für ökologisch = umweltverträglich) in den Medien erscheint, begegnet am häufigsten dem Wörtchen »Bio« – obwohl das eine mit dem anderen allenfalls mittelbar zu tun hat. Nächsthäufig sind »Ökostrom«, »Standardtarif«, »Rindfleisch« und »Seehofer«. Seehofer?

Oxi   … oder *Oxy*. Auch wenn beides etwas mit Sauerstoff zu tun hat, zeichnen sich die so bezeichneten Wasch- oder Reinigungsmittel vor allem durch eine höhere Bleichwirkung aus.

Plussparen Wer sich in der Vergangenheit über den Begriff Plussparen mokierte – etwa weil im Grunde ja jede Sparform auf ein Plus zielt (selbst das mickrig verzinste klassische Sparbuch) –, hat im Laufe der jüngsten Finanzkrise gelernt, dass es sehr wohl auch Formen des Minussparens gibt.

positiv denken Seit der Theologe Norman Vincent Peale 1952 das Buch »Die Kraft positiven Denkens« veröffentlichte, hat sich die Idee etabliert, man müsse lediglich die negativen Gedanken und Gefühle ausblenden und durch *positives Denken* ersetzen, um die eigenen Vorstellungen von Schönheit, Harmonie, Gesundheit, Intellektualität oder Wohlstand zu verwirklichen. In der Tat hat die Idee ihren Verfechtern beziehungsweise deren Erben zu beträchtlichem Wohlstand verholfen. Trotzdem betonen Kritiker des *positiven Denkens*, dass es sich dabei um nichts anderes handelt als um jenen seelisch-geistigen Vorgang, den Sigmund Freud Verdrängung nannte. Jene, die auch das positivste Denken nicht vor den Folgen von *Einsparungen, Umstrukturierungen, Personal-* oder *Rentenanpassungen, Negativwachstum* oder des *Gesundschrumpfens* bewahrte, werden sich vermutlich auch nicht von Wilhelm Busch getröstet fühlen, der bekanntlich ein Meister im negativen Denken war: »Worauf am meisten man erpicht, gerade das bekommt man nicht!«

Power- Ein Begriff mit wechselvollen Zugehörigkeiten. Erst Flower Power, dann Nuclear Power, schließlich *Frauenpower* – was nur zufällig so ähnlich klang wie Flower Power, dafür aber deutlich länger währte. Ganz nebenbei etablierten sich mit der *Frauenpower* endgültig jene anglizistischen Mischformen, wie sie schon früher mit Haarsprays, Popmusik und Kneipenflirts begonnen hatten. Vor allem in der Werbung *powert* es seither ohne Ende:

von *Powerangeboten* oder *Powerabos* über das *Powerradio* bis hin zu *Powersicherheit* samt *Powerpreisen*. Wohl dem, der da nicht ohne coolen *Powerdrink* dasteht.

Pyramidenspiele Sie nennen sich wahlweise *Pyramidenspiele, Kettenbriefe, Schenkkreise* oder *Pilotenspiele*. Sie kommen per Post, als SMS, E-Mail oder in Gestalt von Freunden und Bekannten. Und sie sind dadurch gekennzeichnet, dass ihre Initiatoren in der Regel einigen Profit einfahren, während sich der »Erfolg« der »Mitspieler« mehrheitlich darauf beschränkt, besagten Profit zu finanzieren. Das Prinzip ist altbekannt: Initiator heuert Mitspieler oder Subunternehmer an, diese entrichten einen Anteil, werben weitere Mitspieler oder Subunternehmer an, die wiederum einen Anteil nach oben durchreichen und so weiter. Schon 1746/47 führte die von Graf Karl Ludwig von Wied-Neuwied gegründete Dukatengesellschaft Beteiligten wie Publikum vor Augen, dass jedes Schneeballsystem unweigerlich im Lawinengraben endet. So würde das Prinzip »Jeder wirbt 5 Mitspieler an« nach 15 Stufen bereits die gesamte Weltbevölkerung umfassen. Obwohl zigfach diskreditiert, obwohl mancherorts verboten, krauchen derartige Systeme in stets neuer Verkleidung aus dem Humus der Gier.

Rausmodernisieren oder **Hinausmodernisieren** … war in vielen Großstädten so lange Mode, bis die Innenstädte einander zunehmend glichen. Inzwischen wurden beide Begriffe – wie abgefahrene Reifen – gegen neue ausgewechselt und heißen nun: *Mietermobbing* oder *Entmietung*.

reell … ist vom lateinischen realis (= wesentlich, sachlich) abgeleitet und bedeutet: ehrlich, anständig, ordentlich. Was man als

Konsument von *reellen Preisen* zu halten hat, wissen indes vermutlich nicht einmal Lateiner.

Respektvolle Auseinandersetzung mit alten Stilen
... lautet die poetische Umschreibung fernöstlicher Raubkopierer für das prosaische deutsche Wort klauen.

Schlankheitsmahlzeit   Wo immer möglich, ist »schnell und mühelos« angesagt – besonders beim Abnehmen. Damit das Ganze auch noch Spaß macht, kommt jedes *Schlankheitsmenü* in Begleitung von *Fettkillern* und *Fatburnern* daher. Mindestens!

Schnäppchen   ... sind Gelegenheitskäufe, die man hauptsächlich wegen des günstigen Preises tätigt, ohne dass man den betreffenden Artikel bis dahin entbehrt hätte.

Seniorenresidenz   Egal ob *Seniorenresidenz*, *Casa Sana*, *Altersruhesitz*, *Wohnpark* oder *Villa Cura* – ob die jeweilige Bezeichnung angemessen oder beschönigend ist, liegt im Urteil derer, die dort entgeltlich leben.

Shareholder Value   Man muss kein Weiser und kein Prophet sein, um vorherzusagen, dass der *Shareholder Value* sein Konjunkturhoch überwunden hat. Zum einen steht die »Anteilseigner-Rendite« im allgemeinen Bewusstsein sowieso längst synonym für Stellenabbau, Betriebsverlagerungen, Übernahmen und andere Schreckbegriffe. Zum anderen büßten nicht wenige Shareholder durch die von Managementfehlern beförderte Finanz- und Wirtschaftskrise jede Menge jenes »Value« ein, den ihnen dieselben Manager zuvor zugeschanzt hatten.

sieben Was, bitte, soll an eine Zahl beschönigend sein, mag mancher sich fragen. In der Tat ist an der Sieben ganz und gar nichts beschönigend – besonders dann nicht, wenn es sich zum Beispiel um die prozentuale Stromtariferhöhung handelt. Auch zum »verflixten« siebten Ehejahr mag manchem so gar nichts Schönes einfallen. Eher schon zu Glücksverheißungen jener Art, wie sie auf etlichen Ratgeberbuchtiteln erscheinen. Warum allerdings zur »Effektivität« exakt »sieben« und nicht etwa sechs oder acht Wege führen sollen, erscheint nicht minder fraglich wie die Aufforderung, sein Leben »in sieben Wochen« zu entrümpeln anstatt in einer. Mit den »sieben Gesetzen des Erfolgs« klappt das sowieso nur, wenn alle anderen dabei brav mitspielen. Dann doch lieber »über sieben Brücken gehen«, »James Bond – 007« anschauen (der vermutlich selber nicht weiß, warum er nicht 00Sex heißt) oder aber am »siebten Tag« ruhen. Genau.

Smart Shop Als smart gilt im Englischen, wer pfiffig, schick, intelligent oder elegant daherkommt. Welches dieser Attribute auf die Erfinder sogenannter *Smart Shops* oder *Coffee Shops* zutrifft, bleibt dahingestellt. Drogenabhängigen dürften solche Mutmaßungen indes ähnlich egal sein wie die Frage, weshalb man solche Läden nicht passenderweise Drugstore nennt.

Softgun Von englisch soft (= weich) und gun (= Gewehr). Obwohl sie teils für Kinder freigegeben sind, verschießen die mit Gas, Feder- oder Luftdruck funktionierenden Waffen keine Wattekügelchen, sondern 0,12 bis 2,1 Gramm schwere Plastik- beziehungsweise Stahlgeschosse.

Spielothek Auch wenn der Zugang zu Spielhallen oder *Spielotheken* unter anderem durch das Gesetz zum Schutze der Jugend in der Öffentlichkeit (JÖSchG) eingeschränkt ist, können auch gesetzgeberisch-euphemistische Begriffsungetüme wie *Elektronische Bildschirm-Unterhaltungsspielgeräte ohne Gewinnmöglichkeit zur entgeltlichen Benutzung* oder *Unterhaltungsautomaten mit Gewinnmöglichkeit* das Suchtpotenzial solcher »Spiele« nicht wegnebeln.

strenge Kriterien   Wem Gesetze oder Kriterien nicht reichen, um die Qualität seiner Produkte und Dienstleistungen glaubhaft zu vermitteln, der füge einfach das Wörtchen *streng* hinzu.

Superlearning   »Lernen im Schlaf« lautete die Botschaft, mit der die Journalistinnen *Sheila Ostrander* und *Lynn Schröder* 1982 einen Bestseller-Erfolg landeten. Die Idee jener, *Superlearning* genannten, Methode basierte auf der Suggestopädie des bulgarischen Psychiaters Georgi Losanow, wonach man in entspannter Lernatmosphäre jedweden Lernstoff effektiver und schneller aufnehmen könne. Nach mehr als einem Vierteljahrhundert *Superlearning* mag sich mancher fragen, warum nicht jeder Mensch längst mehrere Fremdsprachen »im Schlaf« beherrscht und wieso PISA noch immer ein Reizthema ist. Auch wenn sich der Super-Erfolg des von der Gehirnforschung kritisch beurteilten *Superlearning* in Grenzen hielt, hat sich zumindest die Grundidee des entspannten Lernens in manchen schulischen Bereichen etabliert.

Trauerhilfe   Ob *Trauerhilfe*, Trauerbegleitung oder Trauerarbeit – wer mit dem Tod von Angehörigen oder Freunden zurechtkommen muss, dem stehen zahllose diesbezügliche Angebote zur Verfügung. Oft steht *Trauerhilfe* allerdings auch als Firmenbezeichnung eines kommerziellen Bestattungsunternehmens.

Traumreise *Traumangebote, Traumberuf* oder *Traumfrau. Traumhochzeit, Traummann* oder *Traumhaus. Traumgrundstück* in *Traumlage, Traumreise* oder *Traumkarriere*. Traumhaft, wenn es zutrifft – Schaumsprache, wenn nicht.

trendy Was ist klein und *trendy*? MP3-Player und Handy. Was sonst noch alles *trendy* ist? Antwort: alles, was dazu erklärt wird (mehr als 40 Millionen Google-Treffer)!

umweltfreundlich »Nur noch 136 Gramm CO_2-Ausstoß pro gefahrenem Autokilometer« versprechen die *umweltfreundlichen* einen, »*umweltfreundliches* Reisen« die anderen. Tetrapacks werden genauso *umweltfreundlich* recycelt wie Baustoffe. Wenn sich indes neuerdings gar Ölheizungen als *umweltfreundlich* verkaufen, ist es vermutlich an der Zeit, die Begriffe etwas geradezurücken. Was die Umwelt allenfalls weniger belastet, statt sie überhaupt nicht zu belasten, ist nicht *umweltfreundlich*, sondern im besten Falle weniger umweltschädlich.

verbraucherfreundlich Auf dem 2. nationalen IT-Gipfel (IT = Informationstechnologie) im Dezember 2007 verabschiedete eine vorwiegend aus Mitgliedern der Bundesregierung und Vertretern der heimischen Kommunikationsbranche gebildete 15-köpfige Arbeitsgruppe »Service- und verbraucherfreundliche IT« einen *Leitfaden für eine verbraucherfreundliche Kundenbetreuung*. Darin werden die deutschen Unternehmen unter anderem »aufgefordert«, die *Beratungskompetenz* ihrer Mitarbeiter sowie den *Datenschutz* zu verbessern. Ein begrüßenswerter Schritt, möchte man den IT-Gipfel-Teilnehmern fast hinterherrufen, hätte nicht ein Jahr später eine Reihe von Datenskandalen den tatsächlichen Stand der diesbezüglichen *Verbraucherfreundlichkeit* aufgezeigt.

Wahnsinnsangebote   Mehr als hunderttausendmal gibt es im Internet *Wahnsinnsangebote* – vom LCD-Bildschirm für 219 Euro bis zum Notebook für 899 Euro, vom Motorroller für 2990 Euro bis zum gebrauchten Schlafsack für 33 Euro. Wahnsinn? Wahnsinn!

Weichmacher   … machen Kunststoffe, Lacke, Dichtungsmassen oder Gummiartikel geschmeidiger, dehnbarer oder weicher und heißen in Wahrheit nicht *Weichmacher*, sondern – unter anderem – Phthalate. Ihnen wurden 2007 vom Umweltbundesamt »unerwünschte Eigenschaften« (= *gesundheitliche Belastungen*) zugeschrieben. Die Konsequenz liest sich so: »Das UBA plädiert daher – wo dies (technisch) möglich und zumutbar ist – für einen schrittweisen Ersatz des Weich-PVC mit weichmacherfreien Kunststoffen«. Wie hätte der legendäre Bundespräsident Heuss dazu wohl gesagt? »Nun plädiert mal schön!«

Wellness   »I feel good!«, sang James Brown erstmals Mitte der 1960er Jahre. Obwohl der Sänger bei seinen Auftritten ein Schwitzprogramm der anderen Art absolvierte, war Fitness beim Publikum seinerzeit alles andere als angesagt. So brachte etwa Hans-Joachim Kulenkampff in der Fernsehwerbung das Wohlfühlen auf den simplen Nenner »Drei Dinge braucht der Mann!«, während ein anderer Fernsehliebling gar zum Weinbrand riet, »wenn einem so viel Gutes widerfährt«. So war die Welt anstrengungsfrei wieder voller Hoffnung – und blieb anstrengungsfrei billig! Bis irgendwann Aerobic kam, und Stretching, und Bodyshaping. Und *Wellness*, das »I feel good« des beginnenden 21. Jahrhunderts! Auch hier sind es »drei Dinge«, ohne die nichts geht: Anbieter, Anlagen, Experten – aber die kosten.

Wert Es gibt Begriffe, die werden ihr negatives Image nicht los. »Vertreter« zum Beispiel – oder »Künstler«. Selbst wenn immer mal wieder Vertreter der einen wie der anderen Zunft zu Reichtum gelangen. Der Begriff »Wert« dagegen ist und bleibt positiv – obwohl manche *Wert*papiere nach Börsencrashs allenfalls zur Papierver*wert*ung taugen und obwohl Temperatur*wert*e fast immer zu niedrig oder zu hoch sind. Von *Wert*ediskussionen, Abgas*werten* oder Leber*werten* ganz abgesehen (besonders von Letzteren).

Wir »Wir, Wilhelm, von Gottes Gnaden König von Preußen etc.« So begann der Anfang des offiziellen Titels des letzten deutschen Kaisers. Als Wilhelm Zwo sich dann schließlich zum Holzfällen ins holländische Exil verabschiedete, hatte in Deutschland mit der Monarchie auch der »Majestätsplural« ausgedient, bis, ja, bis zur Erfindung der *Ich-AG*. Seither ist es wieder angesagt, nicht vorhandene Größe »majestätisch« aufzupeppen: »Wir interessieren uns für Ihr Produkt und würden uns daher freuen« klingt einfach, ja, irgendwie …

wissenschaftlich erwiesen Schaut man eine Reihe von Medienberichten der vergangenen Jahre nach dem Stichwort *wissenschaftlich erwiesen* durch, dann findet man unter anderem als *wissenschaftlich erwiesen*, »dass religiöse Menschen gesünder leben«, dass »Handytelefonieren gesundheitsschädlich« sein kann, dass Griechen »mehr Sex haben« als Brasilianer, dass Stutenmilch bei Neurodermitis hilft, dass Biokartoffeln besser schmecken, Alpenwanderungen die Gesundheit stärken, Erstgeborene bevorzugt werden, Alkohol krank machen kann und dass der Mensch noch die gleichen Fehler macht wie vor Millionen Jahren: zum Beispiel, dass religiöse Menschen ihren Gesundheitsvorsprung aufs Spiel setzen, indem sie mit dem Handy telefonieren, während Alpenwanderer bekanntlich auf der Hütte gerne einen zwitschern. Dagegen lässt uns die Wissenschaft nach wie vor im Ungewissen, welche Wirkung etwa Stutenmilch auf Griechen hat.

Wohnpark Ähnlich wie der *Businesspark*, der *Entsorgungspark* oder der *Industriepark* kommt auch der *Wohnpark* gelegentlich ohne Bäume aus, nicht aber ohne einen *Wagenpark*.

Zertifikate Man hat nie erfahren, wie groß der Anteil der Lateiner unter jenen war, die beim Finanzcrash im Herbst 2008 leer ausgegangen sind. Doch auch wer keine Vorstellung davon hatte, dass »certificare« eigentlich von »certum facere« kommt (= etwas sicher machen), für den stand das *Zertifikat* begrifflich hautnah neben der »Beglaubigung«. Dass dies in der Finanzbranche gänzlich unbekannt war, als sie einen Teil ihrer hochriskanten Derivate als *Zertifikate* verkaufte, braucht niemand anzunehmen. Was lehrt uns das? Euphemismen gilt es zu entlarven, wo immer man sie trifft. Wenn's geht, beizeiten.

Zobelkanin Zobel? Falsch! Kaninchen? Wieder falsch! Gemeint ist das Fell jenes Nagers, den man gemeinhin als Hamster kennt.

6. Sculpturing oder Minilifting ?
Verschönerung beginnt bei der Sprache

Anti-Aging ... heißt lateinisch-englisch-euphemistisch: wider das Altern. Zutreffender wäre: gegen Alterserscheinungen. Zutreffender vielleicht, aber nicht annähernd so verkaufsfördernd.

Antifaltencreme Laut Urteil des Oberlandesgerichts Hamburg vom 17. März 2005 sind folgende *Antifaltencreme*-Werbeaussagen nicht ausreichend wissenschaftlich gesichert und somit wettbewerbswidrig:
1. »Fast wie zehn Jahre jünger«
2. »Sichtbare Glättung bis zu 50 Prozent Faltentiefe«
3. »Das Creme-Gel, das sichtbar verjüngt«.

Dazu Dr. Gisela Albrecht, Chefärztin der Klinik für Dermatologie in Berlin Spandau: »Richtige Falten kann keine Anti-Age-Creme beeinflussen.«

(Quelle: Stiftung Warentest)

auffrischen Wer Lach- oder Stirnfalten bisher als natürliche Alterungserscheinung ansah, der weiß dank *kosmetischer Chirurgie* nun zweierlei: Ursächlich ist nicht so sehr das Altern, sondern vor allem »mimische Überaktivität«. Und: Von »Lach-« oder »Stirnfalten« kann keine Rede sein. Die korrekte Bezeichnung lautet: »Krähenfüße« und »Zornesfalten«.

Wie gut, dass man sich an Ort und Stelle zufällig auf deren Beseitigung – also das *Glätten* und *Auffrischen* – versteht. Dafür wird unter anderem Botulinumtoxin verwendet. Ein paar Injektionen in die verwüstete Gesichtslandschaft, und schon weicht die zornige Krähenmimik dank partieller Muskellähmung einem entspannt freundlichen Ausdruck. Kein Problem, wenn sich die Falten nach ein paar Monaten zurückmelden und die *Auffrischung* ihrerseits wieder *aufgefrischt* werden muss. Dafür sind Chirurg und Patient schließlich da.

Augmentation   Wenn sich im Alltagsleben etwas vergrößert, dann beschreibt man diesen Vorgang gemeinhin nicht auf Lateinisch. »Das Loch in Ihrem Gartenzaun hat sich über den Winter augmentiert«, klänge in den Ohren des Nachbarn womöglich provokant – wer weiß, mit welchen Folgen. Die Folgen kosmetisch-chirurgischer *Augmentationen* zeigen sich dagegen oft unmittelbar; entweder an der geschwollenen Oberlippe oder am quellenden Dekolleté. Männern, an denen etwas augmentiert wird (auch das kommt vor), ist dies dagegen meist nicht anzusehen. Und das ist auch gut so.

Bioimplantat   Klingt irgendwie gesund und ist es oft auch, zum Beispiel bei Knochentumoren oder anderen degenerativen Erkrankungen. In der *kosmetischen Chirurgie* dagegen stehen *Bioimplantate* für jene Stoffe, die zur Faltenglättung unterspritzt werden. Das sind unter anderem Kollagen, Hyaluronsäure oder *Eigenfett* (zum Beispiel aus dem Gesäß).

Biolifting   Da hat die Branche nun einen Begriff kreiert, der irgendwie nach biologischem Landbau klingt, und schon ist man sich nicht einig, was denn eigentlich darunter zu verstehen sei. Für die einen ist *Biolifting* gleichbedeutend mit Elektro-Akupunktur, für die anderen eine Fortentwicklung der *Botox-Behandlung*, für die dritten steht *Biolift* für die Wundbehandlung nach einem

Facelift mittels Fibrinkleber: Und dann gibt es ja auch noch die *Anti-Aging*-Creme mit dem schönen Namen »Biolifting Night Repair« (= Nachtreparatur) – womit zum Thema, im Rahmen des vorliegenden Buches, nun wirklich alles gesagt ist.

Brustkorrektur Von lateinisch corrigere (= berichtigen). Soll heißen: die Berichtigung dessen, was Schöpfung oder Natur falsch gemacht haben. Säuglinge und liebende Partner sehen das in der Regel anders!

Cellulitetherapie Salben, Saugdruckmassagen und Ultraschall sind drei von mehreren angebotenen Methoden, um jenes »Problem« zu behandeln, »das viele Frauen betrifft« (Zitat eines *Schönheitscenters*). Keine *Therapie*, sondern ein Eingriff ist dagegen die Liposuktion (= Fettabsaugung), auch wenn das verharmlosende Wort *Therapie* gelegentlich verwendet wird.

Eigenfettbehandlung »Keine Rose ohne Dornen.« Was fürs Leben gilt, gilt nicht minder in der *kosmetischen Chirurgie*. So hat etwa faltenglättendes Eigenfett die erwünschte Eigenschaft, schneller vom Körper aufgenommen zu werden als andere Stoffe; dafür wird es vom Organismus oft umso schneller wieder abgebaut. Was wiederum dem behandelnden Arzt nichts ausmachen dürfte – besonders dann, wenn er beim ersten Eingriff eine Portion zurückgelegt, also tiefgekühlt hat.

feinstmodellierend Auszug aus dem Prospekt einer Schönheitsklinik: »Die feinstmodellierende Fettabsaugung kann Fettdepots auf sehr schnelle und risikoarme Weise reduzieren helfen.« Zu den statistischen Risiken siehe nächster Absatz.

Fettabsaugung Fachmedizinisch: Liposuktion (von altgriechisch lípos = Fett und lateinisch sugere, suctus = einsaugen). Laut »Deutschem Ärzteblatt« ist die Liposuktion mit mehr als 150.000 Eingriffen die »häufigste ästhetische« Operation in Deutschland. Und laut Gesellschaft für Ästhetische Chirurgie Deutschland (GÄCD) liegt das statistische Risiko von *Komplikationen* (gemeint sind etwa Verletzungen innerer Organe – ohne oder mit Todesfolge) bei 0,2 Prozent.

Glättung Dass in der *kosmetischen Chirurgie* sehr viel häufiger *geglättet* als etwa *konturiert* wird, vermag nur Zyniker zu dem Schluss verleiten, in unserer Gesellschaft sei Glätte mehr angesagt als Kontur.

Harmonisierung Von lateinisch/altgriechisch harmonia (= Fügung). In der Sprache der *ästhetischen Chirurgie* meint *Harmonisierung* unter anderem Formvergrößerung (zum Beispiel durch *Bioimplantate*) oder Formverkleinerung (zum Beispiel durch *Fettabsaugen*).

Hautirritation Von lateinisch irritatio (= Anreiz, Reizung). Steht in der schönheitsplastischästhetischchirurgischkosmetischen Branche unter anderem für Entzündungen, Schwellungen, Blutungen, Ausschläge und andere Hautreaktionen auf kosmetische oder plastisch-chirurgische Eingriffe.

Hautunreinheiten … machen Heranwachsenden noch immer genauso zu schaffen wie zu jener Zeit, als sie noch Pickel, Akne oder Mitesser hießen.

Hyperpigmentierung, Hypopigmentierung Darunter versteht man die vermehrte Bildung von dunklen oder hellen Hautpigmenten, wie sie etwa als unerwünschte Folge von Laserbehandlungen auftreten können.

Inaktivierung Zwar werde das menschliche Antlitz »mit fortschreitendem Alter immer interessanter für den Betrachter«, befindet der Prospekt einer Schönheitsklinik, doch stören leider meist »tiefe Falten, Tränensäcke, Schlupflider und Hautunreinheiten den lebendigen Gesamteindruck«. Abhilfe schaffe da ein »spezielles Nervengift«, mit dem man die entsprechenden »Gesichtsmuskeln inaktiviert« – auf Deutsch: lähmt.

konturieren Unter Konturieren – wahlweise *Contouring*, *Bodycontouring* oder *Liposculpturing* – versteht man in der plastisch-ästhetisch-kosmetischen Chirurgie die Veränderung von Gesichts- oder Körperform durch Unterspritzung oder *Fettabsaugung*.

Korrektur Von lateinisch corrigere (= verbessern, berichtigen). »Die Menschen werden immer individueller und damit auch selbstbestimmter«, schmeichelt der Werbeprospekt einer Schönheitsklinik. Die logische Folge: »Immer mehr Menschen streben Korrekturen an.« Gemeint sind *Nasen-* oder *Gesichtskorrekturen*, und nicht etwa die *Korrektur* dessen, was sich dahinter verbirgt.

Lifting ... heißt im Englischen heben, hochziehen. Ähnlich wie bei der *Verklappung* werden auch beim *Lifting* die weniger appetitlichen Aspekte (hier: Narkose, OP, Schneiden, Hautablösung, Spannen, Nähen, Blutung, Schwellung) zugunsten eines technologischen Teilaspekts ausgeklammert. Anders verhält es sich beim britisch-amerikanischen Facelift. Hier weiß man wenigstens gleich, *was* angehoben wird.

Minilifting   Wer seine erschlafften Wangen wieder in Form bringen lassen möchte, dem raten Schönheitschirurgen mitunter zum *Minilifting*. Zwar wird auch dabei sehr oft betäubt, geschnitten und gestrafft, aber eben nur »minimal« (heißt: im Augen-/Wangen- und/oder Mundbereich). »Zum Minilifting gibt es keine kosmetische Alternative – leider«. Findet die Zeitschrift »Amica«.

modellieren, remodellieren   »Die Kunst des Arztes ist es, eine natürliche Veränderung des Gesichtes zu modellieren«, behauptet die »modernste Schönheitsklinik Europas«. Der unmodernste Arzt Europas meinte dagegen einst: »Rein und fromm werde ich meine Kunst bewahren. Ärztliche Verordnungen werde ich treffen zum Nutzen der Kranken nach meiner Fähigkeit und meinem Urteil.« Wer das gesagt hat? Hippokrates.

Peeling   Eine Untersuchung ergab, dass ein Großteil der Anglizismenflut ins Leere geht, weil vieles oft einfach nicht verstanden wird. So lässt *Peeling* überraschend viele Menschen an Pillen denken, andere assoziieren Feeling. Tatsächlich steht *Peeling* für das Einwirken auf die Hautoberfläche durch mechanische Maßnahmen oder Säuren zum Zweck der Faltenglättung. Zu vergleichen wäre es etwa mit dem abschließenden Schmirgeln einer Skulptur – nur mit ganz anderem Feeling.

Problemzonen   … trugen in prähistorischer Zeit – also bis in die 1980er Jahre – nicht weniger prähistorische Bezeichnungen wie Fettpolster, Speckschwarten, Bauch, Hängebusen, Hamsterbacken oder Orangenhaut. Zu *Problemzonen* wurden sie erst dank Schönheits-, Pharma- und Fitnessindustrie sowie manchen Boulevardmedien.

Reduktion ... leitet sich vom lateinischen reducere her (= zurückführen) und meint in der plastisch-ästhetisch-kosmetischen Chirurgie die *Brustverkleinerung*. Ähnlich wie bei der *Augmentation* steht auch hier vor dem ersten Schnitt die verbale Kosmetik.

Schönheitschirurgie ... steht neben anderen beschönigenden Begriffen wie *Schönheits-OP* oder *Schönheitskorrektur* für das Tätigkeitsfeld plastisch-ästhetische Chirurgie. Dass hier wie dort noch einiges mehr im Begriffsnebel verschummert, ist in diesem Kapitel auszugsweise von A bis Z nachzulesen.

Sculpturing Wer *Sculpturing* betreibt, gilt in englischsprachigen Landen gemeinhin als Bildhauer. Frage: Als was verstehen sich wohl jene plastisch-ästhetischen Skulpteure, die andere Menschen unter anderem per *Liposculpturing* konturieren? Antwort: als Ärzte!

Softlift(ing) ... wird von der »modernsten Schönheitsklinik Europas« als »schonende Ergänzung zur herkömmlichen Faceliftoperation« angeboten: »Ohne große Schnitte – geeignet für Patienten, die noch kein großes Facelift benötigen«. Sozusagen das kleine Tuning zwischendurch.

Überkorrektur Von *Überkorrekturen* ist mitunter die Rede, wenn durch eine *Botox-Behandlung* mehr Muskeln *inaktiviert* wurden als beabsichtigt. Weniger beschönigend spricht man in diesem Fall auch vom *Masken-Effekt*. Sind besonders die Augenbrauen *inaktiviert*, so lautet der Ausdruck dafür: *Spock-Effekt*. Womit *Raumschiff Enterprise* wohl endgültig auf der Erde gelandet wäre.

Unterspritzung Wer etwa wegen seiner Stirnfalten einen mit medizinischer *Ästhetik* befassten Dermatologen aufsucht, kann erfahren, was sich da noch so alles im eigenen Antlitz zusammenbraut. Nicht nur »Tränensäcke« werfen da oft erste Schatten. Auch »Mundwinkelfalten« und »Unterkinnfalten« (die man einst für Grübchen hielt), ebenso »Nasolabialfalten« und »Krähenfüße« (von denen man immer annahm, es seien Lachfalten) sowie »Glabellafalten« (die der Ästhet zu gern mit »Zornesfalten« übersetzt), werden da oft gnadenlos namhaft gemacht. Wie freundlich nehmen sich da jene Ingredienzien aus, die der Ästhet dagegen zur *Unterspritzung* anbietet: *dermale Filler* etwa (wie Plasmagel, Hyaluronsäure, *Eigenfett* oder Kollagen), daneben ebenso synthetische Implantate (darunter Silicon) oder auch Botox. Wobei das »tox« darin recht verschämt für Toxin (= Gift) steht.

7. Diagnose: Maligne Bradyphrenie
Spaßsprache »Ärztelatein«

Amortisationssyndrom = Die Behandlung soll sich nicht nur für den Patienten, sondern wenn möglich auch für den betreffenden Arzt lohnen. Dazu könnte der Einsatz der noch nicht amortisierten Apparate einiges beitragen.

Ante portas = Patient muss nicht alles hören, lasst uns vor der Tür weiterreden!

Cave linguam = Pssst – Patient hört mit!

Exspectative Therapie Von exspectare (= erwarten, abwarten, die Zeit verstreichen lassen) = Keine Ahnung, was er/sie hat. Vielleicht heilt es ja von selbst.

Externes Pigment = Schmutz. Patient ist erkenn- und riechbar ungewaschen.

Extra muros = Alles Weitere außerhalb dieser vier Wände! Patient spitzt die Ohren!

faeces! = Mehrzahlbildung des lateinischen Substantivs faex, faecis (= Kot; meint: Sch...ße!).

iatrogen = ärztlich verursacht, etwa durch fehlerhafte Behandlung. Altgriechisch iater, iatrós (= Arzt) und genés (= verursachend).

idiopathisch = Dem Anschein nach simuliert der Patient. Von altgriechisch ídios (= eigen) und páthos (= Leid).

Maligne Bradyphrenie = Begriffsstutzigkeit. Besonders geistreiche Verknüpfung von »Bradypnoe« (=Verlangsamtes Atmen) und »Phrenesie« (= Wahnsinn).

Maligne Logorrhoe = Bösartiger Wortfluss. Spielerische Wortkombination von lógos (griechisch für Wort) und Diarrhoe (Durchfall). Soll heißen: Patient redet ohne Unterlass, weiß alles besser.

O.S. = Kürzel für »Oralsau« – soll heißen: Patient putzt sich nicht die Zähne.

pinguis = Codiertes Scherzwort für dick, korpulent (von lateinisch pinguis = dick).

Ut aliquid fiat = Wörtlich: Damit irgend etwas geschieht. Soll heißen: Ich bin mit meinem Latein am Ende, verschreibe dem Patienten dennoch etwas, das ihm zumindest nicht schadet.

8. Über die Zugangsregelung ins Gastland
... hin zu weiteren Begriffsverschönerungen

abklatschen Als in den 1990er Jahren reihenweise Asylbewerber- und Ausländerheime brannten, entstanden aus den Reihen der Täter- und Beifallsszene Spottbegriffe wie *Beileidstourismus* (zum Beispiel für Lichterketten), daneben Zynismen wie *abklatschen* (für totschlagen), *national befreite Zone* oder *abfackeln* (für Brandanschläge auf Wohnhäuser und deren Bewohner). Anlass genug für die Gesellschaft für deutsche Sprache, den Begriff *abfackeln* in die »Unwort«-Liste 1995 aufzunehmen.

alkoholkrank Als *alkoholkrank* gelten im offiziellen Sprachgebrauch jene, die man im Volksmund als Alkoholiker oder Trinker bezeichnet.

Altstadtsanierung ... hin, Flächenabriss her: Wo besagte *Sanierung* mit *Entmieten* oder *Hinausmodernisieren* einhergeht, steht am Ende auch die *Entkernung* als Euphemismus nackt da.

Arbeitsbeschaffungsmaßnahme Lange Historie, kurze Halbwertzeit. So etwa könnte man die Geschichte von *Arbeitsbeschaffungsmaßnahmen* knapp umschreiben – währten diese doch meist nicht länger, als es der jeweilige Anlass erforderte. So wurden etwa im Hungerjahr 1847 die Bauern im Fürstentum Schaumburg-Lippe durch die Errichtung eines »Hungerturms«

gerade so lange bei Brot gehalten, bis ihr eigentliches Metier sie wieder nährte. Euphemistisch wirkt der Begriff erst, wenn *Arbeitsbeschaffungsmaßnahmen* dazu herhalten, die Arbeitslosenstatistik zu schönen. So geschehen 1933, Stichwort Autobahnbau. So geschehen auch heute. Im Mai 2008 verzeichnete die offizielle Statistik der Bundesanstalt für Arbeit knapp 3,5 Millionen Arbeitslose. Hätte man jene dazugezählt, die durch staatliche Förderungsmaßnahmen »gebunden« waren, so wäre man auf »gut 5 Millionen Menschen« gekommen, die zu diesem Zeitpunkt gerne einen regulären Job gefunden hätten. Quelle: Institut für Arbeitsmarkt- und Berufsforschung (IAB)

Arbeitsessen   Beim Thema *Arbeitsessen* regelt ausnahmsweise das Steuerrecht die Frage: Euphemismus, ja oder nein? Demnach darf Bewirtungskosten nur derjenige voll absetzen, der Kunden während einer Betriebsbesichtigung Essen und/oder Trinken serviert oder wer als Lebensmittelhersteller oder -vertrieb Lebensmittelkostproben serviert. Wer indes bei einer Ladeneröffnung Sekt ausschenkt, dem gesteht das Finanzamt nur noch eine Absetzbarkeit von 50 Prozent zu. Und wer den Schmaus mit »Geschäftsfreunden« als *Arbeitsessen* deklariert, bringt damit längst nicht mehr nur Finanzbeamte zum Lachen.

barrierefrei   Längst nicht alles, was als *barrierefrei* konzipiert oder gebaut wurde, ist deswegen auch behindertengerecht!

beitragsintensiv   Geht in die gleiche Richtung wie *kostenintensiv*: mehr Blöd- als Blendvokabel. Kein Mensch käme auf die Idee, etwa den Ölpreis als »intensiv« zu bezeichnen – es sei denn, er wolle davon ablenken, dass hinter der Preisgestaltung vitale Interessen wirksam sind.

belastbar Wessen Belastbarkeit durch lebenslange Arbeitsleistung erwiesen ist, dessen Belastung wird oft im Rahmen von *Zumutbarkeitsregelungen* an *veränderte Rahmenbedingungen* angepasst – wenn auch tunlichst höchstens bis zur *Belastungsgrenze*.

Betafehler Nach der Logik der Terrorismusfahnder wäre es zum Beispiel ein »Alphafehler«, einen Terroristen fälschlicherweise laufen zu lassen, wohingegen die irrtümliche Verfolgung eines Unschuldigen – samt möglicher Existenzvernichtung – lediglich als *Betafehler* rangiert.

beurlaubt Wer als Beamter *beurlaubt* ist, und sei es nur »bis auf Weiteres«, ist in Wahrheit seines Amtes enthoben.

Bild dir deine Meinung Langlebiger Werbeslogan von Deutschlands auflagenstärkstem Meinungsblatt.

Bilanzsuizid Das Kompositum aus Bilanz und Suizid (lateinisch für »Selbsttötung«) legt nahe, dass es sich beim *Bilanzsuizid* um einen objektiv abgewogenen, geplanten Vorgang handelt. Dazu die »Zeitschrift für Suizidprophylaxe« der Deutschen Gesellschaft für Suizidprävention: »Einen objektiv nachvollziehbaren, überlegten Bilanzsuizid gibt es nicht, auch wenn er von Versicherungen gern angenommen wird.« Obwohl der Begriff in der Psychiatrie seit den 1970er Jahren als umstritten gilt, findet er bei Polizei- und Justizsprechern nach einer Selbsttötung nach wie vor Verwendung. Wieso, weshalb, warum?

bildungsfern Hat sich im Amtsdeutsch als holprige Umgehung der Begriffe »ungebildet« beziehungsweise »schlecht ausgebildet« etabliert.

Bodenreform   Nach geltender Definition werden durch eine *Bodenreform* die »Besitzverhältnisse an Grund und Boden« geändert – zum Beispiel durch *Umverteilung* oder durch *Überführung in Gemeineigentum*. Dass hinter dem positiv klingenden Begriff *Bodenreform* in Wahrheit immer der Begriff »Enteignung« lauert, zeigten die beiden großen *Bodenreformen* unmittelbar nach dem Zweiten Weltkrieg. Während im Ostteil Deutschlands Privateigentum meist auf direktem Weg *sozialisiert* wurde, kam im Westen die unzureichende Entschädigungspraxis in etlichen Fällen einer Enteignung gleich.

Bürger in Uniform   Mit Einführung der Bundeswehr 1955 hielt auch der *Bürger in Uniform* als Leitbild der »Inneren Führung« in die Armee Einzug. Dort behauptete sich der uniformierte Bürger im Großen und Ganzen wacker, bis sich im Zuge der Bundeswehrreform Mitte der 1990er Jahre die Anforderungen wandelten. Mit welchen Nebenwirkungen das verbunden war, zeigt eine Untersuchung des Sozialwissenschaftlichen Instituts der Bundeswehr aus dem Jahr 2005, wonach sich die politische Einstellung vieler von Auslandseinsätzen betroffenen Soldaten während dieser Zeit »grundlegend ändere«.

Bürgerkarte   »In 4 Schritten zur E-Card als Bürgerkarte«, hieß es in Österreich in zahlreichen Pressemeldungen und in den Internet-Portalen von Versicherern und staatlichen Stellen. »Bürgerkarte?«, fragte da neugierig manch ein Bewohner der Alpenrepublik und erfuhr: »Ihre E-Card ist eben mehr als ein elektronischer Krankenschein«. Das wollte der eine wie auch die andere denn doch etwas genauer wissen und fragte elektronisch bei seinem Sozialversicherer nach. »Die Bürgerkarte ist ein Schlüssel für die E-Government-Angebote der heimischen Verwaltung und für

Web-Dienste der Wirtschaft«, kam es da ebenso beflissen wie anonym zurück. Soso? Ach ja. Lieber noch mal beim Hauptverband der Sozialversicherungsträger nachschauen. Dort erklärt man die *Bürgerkarte* zu »Ihrem persönlichen Schlüssel für viele Anwendungen im täglichen Umgang mit Behörden«. Will sagen: mit 25.000 Behörden mit insgesamt 470.000 Bediensteten und rund 1,5 Millionen Verwaltungsakten pro Tag. »Ja, das wollen wir!«, schallte es nun millionenfach von Eisenstadt bis Bregenz, und wer einen schnellen Internetzugang besaß, meldete sich auf der Stelle beim »Großen Bruder« an. Bei wem? Unsinn! Natürlich auf der Bürgerkarten-Homepage – durch die *Bürgerkarten*-Installation.

Content-Filter   In Firmennetzwerken oder Internetzugängen blockieren oft sogenannte *Content-Filter* (engl. content = Inhalt) den Zugang zu anstößigen (= pornografischen) oder gesetzeswidrigen (zum Beispiel rechtsextremistischen) Internetinhalten. Die hierfür verwendete Software funktioniert mittels Suchbegriffen, die für die unerwünschten Inhalte als charakteristisch gelten. So weit, so begrüßenswert. Dass *Content-Filter* zunehmend auch für Zensurzwecke missbraucht werden, enthüllt der *2006 Internet Annual Report* der Organisation »Reporter ohne Grenzen«. Darin sind mehr als 20 Staaten aufgelistet (darunter China, Nordkorea, Saudi-Arabien und Weißrussland), die auf vergleichbare Weise die Informationsfreiheit einschränken.

Datenschutz   ... heißt auf englisch privacy (= Privatheit, Privatsphäre). Jede Maßnahme, so viele Daten wie möglich über die Bürger zu sammeln (Stichwort: Vorratsdatenspeicherung), ist demnach, wie das »Handelsblatt« am 23. Juli 2007 zutreffend feststellte, kein Angriff auf den *Datenschutz*, sondern »ein konkreter und massiver Angriff auf unser aller Privatheit«.

Deckungslücke   Nach geltender Definition bezeichnet »Lücke« (von althochdeutsch lukka) eine Stelle, an der etwas fehlt. Damit das Fehlen dieses »Etwas« als Lücke empfunden wird, sollte das übrige Ensemble mehr oder weniger geschlossen sein. Dies ist bei Gesetzes- oder Baulücken meist der Fall, ebenso bei Zaun- oder Zahnlücken. Dagegen zeichnet sich die *Deckungslücke* meist dadurch aus, dass es in deren Umfeld vor »Finanzlöchern«, »Fehlbeträgen«, »Verlustvorschreibungen«, »Sonderabschreibungen« oder »Wertberichtigungen« ohnehin schon wimmelt – und das alles bekanntlich in Milliardenhöhe. Dann doch lieber Zahnlücke!

Du bist Deutschland   … hieß eine auf »positives Denken« und mehr »Nationalgefühl« zielende Kampagne. Dazu Jens Jessen in der Wochenzeitung »Die Zeit«: »Die gedrückte Stimmung (…) wird von den Kampagnemachern aber nicht auf steigende Arbeitslosigkeit und sinkende Löhne zurückgeführt, (…) sondern die Arbeitslosigkeit wird umgekehrt als Folge schlechter Laune dargestellt.« In der Tat legt uns das Manifest in der »Du«-Form nahe: »Du bist 82 Millionen. Behandle Dein Land doch einfach wie einen guten Freund. Meckere nicht über ihn […]. Du bist Deutschland.« Alles schön und gut – aber wohin jetzt mit den vielen enttarnten Euphemismen?

Duldung   Wer als Ausländer abgeschoben werden soll und dennoch einstweilen bleiben darf, »genießt« nach Paragraf 60a des deutschen Aufenthaltsgesetzes *Duldung*. Dass bei dem Wort etwas von Ungeduld mitschwingt, muss wohl am gemeinsamen Wortstamm liegen. Ganz bestimmt sogar!

Ein-Euro-Job Laut Urteil des Bundessozialgerichts vom Dezember 2008 handelt es sich bei *Ein-Euro-Jobs* nicht um reguläre Arbeitsverhältnisse, sondern um Maßnahmen zur *Eingliederung* beziehungsweise *Förderung*. Das Geld, das der Ein-Euro-Jobber erhalte, sei daher nicht als Gegenleistung für geleistete Arbeit anzusehen sondern als *Anreiz* (zur Arbeitssuche). Darum sei es etwa einem arbeitslosen Ingenieur durchaus zuzumuten, für ein Salär von 1 Euro 50 je Stunde 30 Wochenstunden Gartenarbeit zu verrichten. Na, wenn das kein Ansporn für deutsche Kommunen ist, weitere reguläre Arbeitsplätze durch derlei *Anreize* zu ersetzen!

nicht lebende Einfriedung »Was ist eine nicht lebende Einfriedung?«, lautet die Quizfrage in einem russischen Internetforum auf deutsch. Antwortmöglichkeiten:
 a) ein Krematorium;
 b) eine von der Polizei bewachte Schutzzone.
Schade um den Lernaufwand, möchte man den »Behördendeutsch«(?!) lernenden Russen zurufen: Mit *nicht lebenden Einfriedungen* sind behördlicherseits lediglich ganz normale Zäune gemeint. Bleibt zu wünschen, dass die deutsch-russische Verständigung auch außerhalb von Internetforen blüht und gedeiht.

Erinnerungskultur Dass es mit der *Erinnerungskultur* besonders in der jungen Generation zum Schlechten steht, bezeichnete der deutsche Bundespräsident Köhler Anfang 2009 als »besonders bedrückend«. Köhler: »Der jungen Generation mangelt es an Wissen über das Naziregime und den Holocaust.« Vielleicht sollte man damit beginnen, dass man das Blähwort *Erinnerungskultur* streicht und durch »Erinnern« ersetzt?

Fallzahl   Welches Bild die Verantwortlichen im Gesundheitsbereich vor Augen hatten, als man dort anstatt »Zahl der Operationen«, »Zahl der Behandlungen« oder »Zahl der Erkrankungen« die *Fallzahl* einführte, ist im Grunde unerheblich, denn die Betroffenen müssen sowieso in jedem Fall zahlen.

Flexibilisierung   Die *Flexibilisierung* des Arbeitsmarktes bis hinab zu den *Ein-Euro-Jobs* ging so reibungslos und effizient vonstatten wie sonst kaum eine Reform. Hilfreich dabei waren neben den *Sparmaßnahmen im Personalkostenbereich* jede Menge weiterer Euphemismen.

freisetzen, freistellen   Wegen der positiven Besetzung des Wortes »frei« (von althochdeutsch fri = zur Sippe gehörig) wirkt *freisetzen* oder *freistellen* für »entlassen« beinahe noch zynischer als *ausstellen, verschlanken, straffen* oder *anpassen*.

Freizeitgesellschaft   Ob das Schlagwort von der *Freizeitgesellschaft* je zutraf, sei hier dahingestellt. Fakt ist, dass es auch im Jahr 2009 nach wie vor bemüht wird. So zitierten die VDI-Nachrichten im Februar 2009 einen Vertreter der Telekommunikationsindustrie: »Raus aus der Freizeitgesellschaft, hinein in eine Gesellschaft, die weiß, dass es ohne Scheiß auf Dauer keinen Wohlstand gibt!« Vermutlich nur ein Tippfehler, das fehlende »W«. Ein »W«, das selten fehlt, repräsentiert dagegen FDP-Chef Westerwelle. Der hatte im letzten nordrhein-westfälischen Landtagswahlkampf gefordert: »Raus aus der Freizeitgesellschaft – Arbeit hat Vorfahrt!« Klar doch. Gerne. Am besten sofort. Alle! »Ohne Scheiß«.

Freizeitpark Deutschland   Zu viele Deutsche nähmen ein »Recht auf Faulheit« in Anspruch, verkündete der damalige Bundeskanzler Gerhard Schröder im Frühjahr 2001 und stieß damit ins gleiche Horn, durch das schon sein Vorgänger Helmut Kohl mit seiner Rede vom *Freizeitpark Deutschland* geblasen hatte. Schröder gab indes noch eine Zugabe: »Wer arbeiten kann, aber nicht will, der kann nicht mit Solidarität rechnen«. Na ja, das mit der Solidarität hat der nachmalige Gazprom-Aufsichtsrat ja dann auch umgesetzt.

Freund und Helfer   Man möchte den Ordnungshütern ja wünschen, dass die unzähligen Fälle, in denen sie Menschen aus Notsituationen retten, Streit schlichten und dabei Gefahren auf sich laden, ihr Image als *Freund und Helfer* befördern. Liest man indes, was im Internet in verschiedenen Blogs und Foren zum Thema geäußert wird, so gerät dort der *Freund-und-Helfer*-Begriff der Polizei ein ums andere Mal zum Bumerang. In den 1920er Jahren kreiert, von der NS-Propaganda missbraucht und in den 1960er Jahren zur Imageförderung aufgewärmt: Die Geister, die man rief …

Fristenlösung   Wie auch immer jemand zur Abtreibung stehen mag – der Begriff *Fristenlösung* steht zumindest begrifflich in einer Reihe mit jenen anderen »Lösungs«-Euphemismen, bei denen die Betroffenen ebenfalls nicht danach gefragt wurden, ob sie leben wollten oder nicht!

Gastland   Während sich Länder mit verschärfter *Asylpraxis* wie Deutschland oder Österreich gerne selber als *Gastland* bezeichnen, sieht sich das asylfreundlichere Spanien lediglich als »País de acogida«, übersetzt: als Empfangsland!

Gegendarstellung Gegendarstellungen sind eine Errungenschaft der Französischen Revolution und finden oft dort ihr Ende, wo sie durch einen wertenden Anhang (= Redaktionsschwanz) relativiert werden.

geordneter Gang Seinen *geordneten Gang* geht etwas, das die vorgeschriebenen Abläufe nicht stört. Solch ein Gang der Dinge ist nicht notwendigerweise gerecht oder richtig, sondern vor allem unaufhaltsam.

Grenzwert Wozu sind *Grenzwerte* gut? In der Mathematik ist die Antwort klar. So pflegt sich etwa eine konvergente Folge stets einem bestimmten *Grenzwert* anzunähern. Der heißt dann Limes. Wenn besagter Limes feststeht, kann man mit den Folgen rechnen, ohne dass der *Grenzwert* je überschritten wird. Anders in Politik und Verwaltung. Dort rechnet man seit Jahr und Tag mit den Folgen von Ozon- oder Feinstaubbelastung, gerade *weil* deren *Grenzwerte* unablässig überschritten werden. Hat jemand behauptet, dass Politik nach logischen Gesetzen funktioniert?

Grünzone »Es grünt so grün«, singt Eliza Doolittle in »My Fair Lady« Phonetikprofessor Higgins ins Ohr. Dabei war die *Grünzone* zu jener Zeit, da George Bernard Shaw die literarische Vorlage für das Musical schuf, noch gar nicht erfunden. Knapp 100 Jahre später kennt man zwar die *Grünzone*, dafür weiß offenbar keiner so recht, was das denn genau ist. Für die Ökologen fängt sie oft erst bei der »grünen Lunge« am Rande der von Abgasen verschmutzen Metropolen an, für die Reiseveranstalter darf sie dagegen schon mal »zwischen Hotel und Fußweg« angesiedelt sein, während der Lokalreporter die Grünzone gar bereits in

»Oma Kluges Hinterhof« verortet. Wozu Professor Higgins allenfalls die Frage einfallen dürfte: »Was macht das blöde Grün?«

Harmonisierung   Was wurde in den vergangenen Jahren in- und außerhalb der EU-Verwaltung nicht alles *harmonisiert*: Von Getreidepreisen bis zu Rechtsvorschriften, von Qualitätsmaßstäben bis hin zu allen möglichen »Standards«. So harmonisch die Welt danach auch sein mag: De facto handelt es sich oft um staatliche oder überstaatliche Eingriffe in mehr oder minder autonome Gefüge.

Hartz IV   »Im Reich der Zwecke«, heißt es bei Immanuel Kant, »hat alles entweder einen Preis oder eine Würde.« Ein feiner Anlass, um die Praxistauglichkeit von Philosophie zu testen. Beispiel *Hartz IV*: zweifellos das Ergebnis zweckgerichteten Handelns, für das viele Menschen einen Preis in Form des sozialen Abstiegs zu bezahlen haben. Bleibt nur noch die Frage nach der Würde …

Ich-AG   »Einen Gang hat's als wie eine Prozession, die aus einer einzigen Person besteht«, textete Johann Nestroy einst für das Wiener Vorstadttheater. Was wie eine ferne Vorahnung heutiger Mode-Catwalks anmutet, ließe sich auch auf die *Ich-AGs* münzen, zumal ein paar Münzen Eigenkapital durchaus ausreich(t)en, um besagte AG zu gründen. Oft fälschlich mit »Aktiengesellschaft« übersetzt, steht AG hier häufig eher für eine andere Art von *A*rbeitslosen-*G*eld.

Individualgesellschaft   In gesellschaftskritischem Zusammenhang ebenso häufig wie widersprüchlich verwendetes Klischee. Dabei gilt nach wie vor:
a) Der Mensch ist ein Individuum.

b) Der Mensch ist ein soziales Wesen. Als solches lebt er
c) in Gesellschaft anderer Individuen. Dies führt
d) unter anderem zu inneren und äußeren Konflikten.
Punkt. *Individualgesellschaft?* Fehlanzeige!

Jungsenioren In grauer Vorzeit unterschieden unsere Vorfahren zwischen Kindheit, Jugend und mittleren Jahren. Was danach kam, war das Alter. Heute entscheidet über all das die Zielgruppenrelevanz, und die geht so: Erst kommt die Kindheit, die beginnt mit »fernsehtauglichen« 3 Jahren und endet mit 14. Dann kommt die »junge Zielgruppe« (14 bis 49), und dann kommen, nein, nicht die »Alten«, sondern allenfalls die *Senioren*. Die teilen sich wiederum in *Jungsenioren, jugendlich wirkende, rüstige, kaufkräftige, jung gebliebene, alterslose, jugendlich dynamische* oder *geistig frisch gebliebene* Senioren. Arme Vorfahren!

Justizvollzugsanstalt Eine *Justizvollzugsanstalt* ist für die »Insassen«, also die Häftlinge, nichts anderes, als was es vor der Umbenennung war: ein Gefängnis.

Karriere-Zentrum Einen Euphemismus der besonderen Art produzierte die Österreichische Post. Da man im Zuge der Post-Privatisierung für viele Postbeamte keine Verwendung mehr hatte, diese aber großteils unkündbar waren, erfand man eigens das *Karriere-Zentrum*. Viel mehr, als über das Ende ihrer eigenen Karriere nachzudenken, hatten die Postler dort indes nicht zu tun, was manche Besucher zu dem gehässigen Kürzel »KZ« inspirierte. Das wiederum veranlasste die Verantwortlichen, das *Karriere-Zentrum* in *Karriere-Entwicklungs-Center* umzutaufen – ohne dass dies die Karrieren der Betroffenen im Geringsten vorangebracht hätte.

Käufliche Liebe Unhaltbare mediale Umschreibung für Prostitution. In der Tat scheint heute von der Befruchtung bis zum Tod fast alles »käuflich« zu sein. Allein: Die Liebe ist es nicht!

Keule Von der Steinzeit-Keule zur Hühnerkeule und dann Schluss. Solch eine Art von Evolution wäre nicht einmal die schlechteste gewesen (wenn man dabei die Interessen von Hühnern außer Acht lässt). Doch wie hieß es im Darwin-Jahr so schön: Die Evolution geht weiter. Und so hat man für den Begriff längst andere Einsatzgebiete erfunden, etwa als *atomare Keule* oder *chemische Keule*. *Keulung* auch bei BSE oder Vogelgrippe – ganz abgesehen von der »gesetzlichen«, der »verbalen« oder der »moralischen Keule«, die oft auch als »Totschlagargument« herhält.

Konsolidierung Die *Konsolidierung* (von lateinisch consolido = festmachen) von Branchen, Märkten, Industrien, Bankenlandschaften oder Sektoren fängt oft als *Stabilisierung* an und hört mitunter als Monopolisierung auf.

Kulturdelikt Das Thema Ausländerkriminalität bereicherte Österreichs Innenministerin Maria Fekter Anfang 2009 um den unfreiwilligen Euphemismus *Kulturdelikt*. Darunter zu verstehen seien unter anderem sogenannte *Ehrenmorde*. Fekter wörtlich im ORF-Interview: »Und ich glaube, dass es notwendig ist, dass man das beim Namen nennt.« Vorschlag: Am besten gleich mit dem *Ehrenmord* beginnen, verehrte Frau Minister. Der kommt nämlich weder im österreichischen noch im deutschen Strafrecht vor – hoffentlich auch nie der Begriff *Kulturdelikt*.

Lebensberechtigungsbescheinigung Die Nachricht, dass deutsche Ämter bei ihrem Bemühen um verständlicheres Amtsdeutsch Begriffe wie *Lebensberechtigungsbescheinigung* (für Familienstammbuch) aus ihrem Glossar streichen mussten, löste im Frühjahr 2008 einen Sturm publizistischer Randnotizen aus. Seitdem ist es auch vorbei mit *bedarfsgesteuerten Fußgängerfurten* (= Fußgängerampeln), *Spontanvegetation* (Unkraut), *Personenvereinzelungsanlagen* (Durchgangs-Drehkreuze) oder *rauhfutterverzehrenden Großvieheinheiten* (= Kühe).

Lean Production Viele Anglizismen, die in den letzten zwei Jahrzehnten über den Atlantik auf den deutschen Arbeitsmarkt schwappten, gruben ihm in der Folge oft kräftig das Wasser ab. An erster Stelle zu nennen ist der Begriff *Lean Production*, dessen deutsche Übersetzung »schlanke Produktion« sogleich die Produktion weiterer Euphemismen anheizte. Dabei gingen *Verschlanken, Verschlankung, schlanke Organisation, schlanke Verwaltung* oder *schlanke Unternehmensstrukturen* stets einträchtig Hand in Hand mit der Entlassung von Mitarbeitern – egal ob diese füllig oder sowieso schon schlank waren. Anders war es bei Vorständen und Aufsichtsräten, die den Begriff *Lean Management* wörtlich nahmen, indem sie beizeiten dem Gruppentrend zur schlanken Taille folgten.

lebenswerte Zukunft »Neue Euphemismen sind gefragt«, forderte der Deutsche Verband für Wohnungswesen bei seiner Jahrestagung 2001 in Berlin. Gesucht waren begriffliche Alternativen für den »negativ besetzten Begriff des Schrumpfens«. Die Vorschläge: »Stadtentwicklung unter veränderten demografischen Voraussetzungen«, »Wandel ohne Wachstum« oder »Umbau unserer Städte für eine lebenswerte Zukunft unserer Menschen«.

Leitkultur   Nach Bodenkultur, Unternehmenskultur, Popkultur, Eventkultur, Freikörperkultur, Sangeskultur, Vereinskultur, Liedkultur, Jugendkultur, Sprechkultur und zahllosen Sub-Kulturen nun also – Friedrich Merz sei's gedankt – die deutsche *Leitkultur*, über die 2000 innerhalb der Diskussion um Einwanderung und Integration heftig gestritten wurde. Was darunter genau zu verstehen sei, ließ der CDU-Bundestagsabgeordnete und Multi-Aufsichtrat (AXA, DBV Winterthur, IVG Immobilien und andere) indes offen. Weniger offen mochte Merz bei seinen zahlreichen Nebentätigkeiten sein, gegen deren Offenlegung er 2006 vor dem Bundesverfassungsgericht klagte.

Lösungskompetenz   Wenn es je eine »Neusprech«-Kreation gab, die im Härtetest ihre Praxistauglichkeit beweisen könnte, dann ist das die *Lösungskompetenz*, jene wunderbare Eigenschaft, die unzählige Consulting-Firmen für sich in Anspruch nehmen. Vorschlag an die Regierung: beim nächsten *Reformstau* einfach mal da oder dort anrufen!

multikulturell, multikulti   Des einen Schreckwort ist des anderen Euphemismus. Hier und da aber auch einfach gelebte Realität – zum Beispiel in der Fußball-Bundesliga.

Normalbürger   Dass der von Politikern wie von Statistikern gern bemühte *Normalbürger* mit Vornamen Otto heißen soll, beruht auf einem Übermittlungsfehler. Besagter Otto hieß mit Nachnamen »Normalverbraucher« und wurde von dem Schauspieler Gert Fröbe im Film dargestellt, als jener noch zaundürr war (Fröbe, nicht der Film). Heute dagegen heißt Otto mit Nachnamen je nachdem »Rehhagel« oder »Waalkes«. Der *Normalbürger* dagegen heißt entsprechend der Vornamens-Häufigkeit »Peter«

oder »Ursula« und existiert ansonsten allenfalls als statistische Rechengröße.

Optimierungsvorsorge   Bei manchen Euphemismen kann man sicher sein, dass sie den Anlass ihres Entstehens nicht überleben. Andere dagegen lassen eine hohe Lebensdauer erwarten. So ein Begriff könnte die *Optimierungsvorsorge* sein. Dass dieses Ersatzwort für »undefinierte Ausgabeposten in der Bilanz« bisher nur anlässlich eines Krankenhausneubaus in der österreichischen Provinz auffiel, muss nicht bedeuten, dass die *Optimierungsvorsorge* nicht bald auch woanders Schule macht.

Outsourcing   Von englisch out (= aus, heraus) und source (= Quelle). Gemeint ist die Auslagerung betrieblicher Abläufe an spezialisierte Subunternehmen (Beispiel: Callcenter). *Outsourcing* soll den Unternehmen Kostenersparnis, Effizienz und die Steigerung des Börsenwerts bringen. Dass *Outsourcing* stets mit Stellenabbau einhergeht, wird durch den technokratischen Anglizismus indes verdeckt.

Päderast   Von altgriechisch pais, paidos (= Kind) und erastäs (= Liebhaber). *Päderast* klingt zwar hässlich, ist dennoch genauso beschönigend wie *pädophil* (von altgriechisch: pais, paidós und philía=Liebe, Zuneigung). Die deutschen Bezeichnungen für Tatbestand wie Täter sind allemal präziser.

Paket   Ein Paket ist etwas, bei dem man oft nicht genau weiß, was drin ist, über dessen Erhalt man sich aber trotzdem in der Regel freut. Vielleicht ist das die Erklärung dafür, warum Politiker zu *Paketlösungen* neigen – besonders, wenn sich die Lösung im Detail als schwierig erweist. Anders verhält es sich mit *Informa-*

tionspaketen. Diese werden wahlweise von Behörden angeboten, kostenlos an Unternehmen verteilt, von Ausländerbehörden »zur Begrüßung« überreicht, von Banken ins Netz gestellt, von Faxbesitzern gebührenpflichtig abgerufen oder von Rechenzentren geschnürt. Und das alles, obwohl sich unter der Verpackung nichts anderes verbirgt als – man ahnt es – Informationen. Eine vergleichbare Schlussfolgerung ließe sich bei *Maßnahmepaketen* nicht so ohne Weiteres ziehen. Noch weniger bei *Milliarden-Konjunkturpaketen* – zumindest nicht, was die Konjunktur angeht.

Patriotismus   Mit dem *Patriotismus* ist es in Deutschland so eine Sache. Nachdem er im 20. Jahrhundert gar so gründlich missbraucht wurde, sehen außer Konservativen und Rechten einstweilen nur einige Wörterbücher den *Patriotismus* gleichbedeutend mit Vaterlandsliebe, Heimatgefühl und »guter« Gesinnung. In den Medien dagegen ist der patriotische »ismus« nach wie vor eher von Skeptizismus begleitet. »Maßvoll aufgeklärt« solle er sein, so die »Frankfurter Rundschau«, keinesfalls jedoch »irregeleitet«, »überschäumend« oder »demonstrativ« (»Die Welt«). Damit könnte im Prinzip jeder leben, wären da nicht zunehmend auch begleitende Begriffe wie »modern« (Ex-Wirtschaftsminister Clement), »gesund« (Arbeitgeberpräsident Hundt) und »echt« (Ex-Kanzler Schröder) im Spiel.

Peanuts   Es gibt Begriffe, zu denen uns unmittelbar Personen einfallen. Einer davon ist das *Ehrenwort*, bei dem wohl jeder erwachsene Deutsche an Uwe Barschel denkt. Dass das *Ehrenwort* Jahre später dennoch auch von Ex-Kanzler Helmut Kohl bemüht wurde, der in einer bekannten Causa nicht alles sagen wollte, was er wusste, ist ungewöhnlich, da der Begriff seit Barschel als »verbrannt« galt. Ähnlich ist es mit den berühmten *Peanuts*. Seit

Ex-Deutsche-Bank-Chef Hilmar Kopper den durch eine Immobilienpleite verursachten Multimillionen-Schaden als »Kleinigkeit« (englisch: peanuts) bezeichnete, vermochte sogar die gleichnamige Comic-Serie um Charlie Brown und seinen Hund Snoopy nicht mehr an frühere Erfolge anzuknüpfen.

Performance(s)   ... sind bei Kunsthappenings, Tanzveranstaltungen und Bühnenshows gang und gäbe. Dass die *Performance* inzwischen auf dem Börsenparkett angekommen ist, wo sie für fallende oder steigende Kurse steht, verwundert so gesehen wenig.

Personalanpassung   Personalanpassungen sind
1. »notwendig«,
2. »unvermeidlich«, werden
3. »mit »Arbeitnehmervertretern«
4. »sozialverträglich abgestimmt«, bevor sie
5. »vorgenommen« werden. So liest sich zumindest die Hitliste der Begriffe, die in den Medien am häufigsten unmittelbar neben den *Personalanpassungen* vorkommen. Dass die »Personalkostenreduktion« in dieser Hinsicht vergleichsweise einsam dasteht, muss nicht heißen, dass die Dinge dort anders laufen.

polizeilich in Erscheinung treten   Wer aus fragwürdigen Motiven das Adjektiv *polizeilich* in ein Wortschatzportal eingibt, wird sogleich unfehlbar mit der Wortkombination *in Erscheinung treten* bedient. Untersucht man, wofür denn die mediale Schwammformel so im Einzelnen steht, so findet man unter anderem: Diebstahl, Raubüberfall, Drogenhandel, Körperverletzung oder Vergewaltigung.

Preisanpassung Während die *Personalanpassung* (rund 50.000 Google-Treffer) im Internet deutlich hinter der Entlassung rangiert (1,6 Millionen), liegen die *Preisanpassungen* Kopf an Kopf mit den synonymen Preiserhöhungen. Tenor der Begleittexte: Wir würden ja die Preise gerne dort lassen, wo sie sind, können aber nicht, weil ... – gefolgt von Stichworten wie: Importpreise – Versorgungsbedingungen – Bezugspreise – notwendig – extern – zwingen – Kostensteigerungen – massiv – verursachte – Tendenz. Tendenz? Steigend!

Public Private Partnership Im Juli 2008 wurde im Beisein von Bundesfinanzminister und Bundesbauminister die vom Bund initiierte Beratungsgesellschaft »Partnerschaften Deutschland« auf den Weg gebracht. Wem *Post-* oder *Briefkastenoptimierung* nichts ausmachten konnten, der darf sich nun umso mehr freuen. Die Privatisierung öffentlicher Daseinsvorsorge hat gerade erst richtig begonnen.

Public Value Seit Jahren beklagen österreichische Printmedien die wachsende Kluft zwischen sinkender Programmqualität des ORF und den europaweit dritthöchsten Fernseh- und Rundfunkgebühren (276,72 Euro/Jahr. Stand: November 2008). Was tun, wenn Einschaltquoten und Werbeeinnahmen beständig sinken, der vom Parteiproporz dominierte Sender zunehmend defizitär wird und demzufolge das opulente Gehaltssystem (ORF-Generaldirektor: knapp 358.000 Euro/Jahr, ORF-Direktoren: rund 250.000 Euro, Landesdirektoren bis zu 190.000 Euro/Jahr) zunehmend in die öffentliche Kritik gerät? Antwort: Man richtet ein *Kompetenzzentrum* ein und lässt dieses den *Public Value* ermitteln – jene Werte also, die von schnöden Einschaltquoten und tiefroten Bilanzzahlen nicht erfasst werden – zum Beispiel den *Indi-*

viduellen Wert, den *Gesellschaftswert*, den *Österreichwert* oder den *Internationalen Wert*. Wer die Moral des Märchens von des Kaisers neuen Kleidern begriffen hat, mag darüber immerhin schmunzeln.

Qualifizierungsmaßnahmen   *Weiterbildungs- und Qualifizierungsmaßnahmen* sind für sich genommen eine nützliche Sache, besonders, wenn sie im Kontext einer halbwegs geordneten Berufsplanung stehen. Dass besagte *Maßnahmen* im gesellschaftlichen Alltag eher selten mit geordneter Berufsplanung einhergehen, zeigt der Kontext der medialen Berichterstattung. Dort stehen neben den *Qualifizierungsmaßnahmen* mehrheitlich Begriffe wie »Werkschließungen«, »Entlassungen«, »Vorruhestandsregelungen« oder »Hartz«.

Quotenregelung   Seit 1984 gilt in der EU eine sogenannte »Milchgarantiemengenregelung«. Diese legt fest, welcher EU-Staat mit welcher Milchquote an der EU-weiten Milchproduktion beteiligt ist. Anschaulicher als an diesem Beispiel lassen sich die Vorteile von *Quotenregelungen* kaum darstellen:

1. Alle haben gleiche Rechte.
2. Keiner kommt zu kurz.
3. Es wird nicht über den Bedarf hinaus produziert.
4. All das kommt zuletzt der Qualität zugute – Pardon, soll heißen: *nicht* zuletzt!

räumen, Räumung   Eine Wohnung *räumen*, das heißt: Einzelpersonen oder Familien mit staatlicher Gewalt zum sofortigen Auszug aus ihrer Wohnung zwingen. Klingt wie »aufräumen« und ist vermutlich auch so gemeint.

Raumordnung »... der Spielmacher legt die Raumordnung oft so großzügig aus, dass er von der linken Außenbahn manchmal direkt auf die rechte wechselt und seinen Mitspielern so den Weg abschneidet«, berichtete der »Tagesspiegel« im Februar 2005. Die Rede ist von einem Fußballbundesligaspiel. Dabei ließe sich ähnliches auch für manche »Städte«- oder »Landschaftsbauliche *Raumordnung*« sagen.

Rentenanpassung Der *Nachhaltigkeitsfaktor* ist jener Faktor, der bei der Berechnung der *Rentenanpassung* die Alterung der Gesellschaft einkalkuliert. Dieser führte 2006 wenig überraschend zu einer *Nullrunde*. Mit dieser Dreieinigkeit von Euphemismen könnte zum Thema schon alles gesagt sein, würden sich hinter *Rentenanpassungen* nicht de facto immer wieder einmal auch Rentenkürzungen verstecken – zum Beispiel über den Weg der Rentenbesteuerung oder durch ein höheres Renteneintrittsalter.

risikoarm Was haben Haartransplantationen und Wertpapiere gemeinsam? Beide erfordern einen gewissen finanziellen Einsatz. Beide sind von der Hoffnung getragen, dass etwas nachwächst. Und beide werden gerne als *risikoarm* verkauft.

Rückbau ... oder die *Entkernung* – und das, obwohl alle drei Vorgänge vom *Sanierungs*-Gedanken getragen sind.

schadstoffarm Anders als George Orwells (»1984«) karges »Neusprech« (= »Unwissenheit ist Stärke«) ist die deutsche Schönsprache des 21. Jahrhunderts reich an bunten Varianten und Steigerungsformen. Beispiel: Schadstoffe. Selbst wenn etwas trotz intensiven Nachrechnens nicht als »schadstofffrei« durchgeht, kann es immer als »weitgehend schadstofffrei«, als »schadstofffrei mit geringen, aber zu vernachlässigenden Emissionen« oder als »beinahe schadstofffrei« bezeichnet werden. Von hier zur »schadstoffärmsten« Busflotte ist es sprachlich nur ein winziger Schritt, besonders wenn diese mit »schadstoffärmerem« Biokraftstoff anstatt etwa mit »schadstoffarmem« Diesel betrieben wird.

schlanke Personalstrukturen   … werden in der Regel von schlanken Managern beschlossen und verkündet. William Shakespeare wusste wohl, warum er seinen Julius Cäsar fordern ließ: »Lasst wohlbeleibte Männer um mich sein! Mit glatten Köpfen – und die nachts gut schlafen.« Die rauchten in den 1950er Jahren Zigarren und kannten auch noch keine *schlanken Personalstrukturen*.

Schnupperlehre   In der Schweiz beinahe die Regel, in Österreich verbreitet, in Deutschland etabliert: die Schnupperlehre. Sie dauert oft nur 3 bis 4 Tage und ist auf jene Schüler der letzten Hauptschulklassen ausgerichtet, die sich einen Einblick in die Berufspraxis verschaffen möchten. Wer Lehre oder Schule längst hinter sich hat und es ansonsten eher »unverbindlich« mag, braucht indes nicht zu verzweifeln, stehen doch neben den unterschiedlichsten *Schnupper-Arrangements* ebenso auch *Schnupper-Unis*, *Schnupper-Studiengänge* oder *Schnupper-Abos* zur Auswahl. Manches gar zu *Schnupper-Preisen*. Wenn das kein Grund zum raschen Zugreifen ist!

Schwangerschaftsunterbrechung, Schwangerschaftsabbruch   Politisch korrekte Sprache zeichnet sich naturgemäß durch eine gewisse Unschärfe aus. Dass etwa der *Schwangerschaftsabbruch* auch nur im geringsten etwas mit Programmabbruch, Studienabbruch oder Spielabbruch zu tun habe, werden auch die Befürworter nicht behaupten.

sensibler Bereich Wer feinfühlig oder empfindlich ist, gilt im Volksmund als »sensibel«, manchmal sogar als »Sensibelchen«. Anders die Verwendung in den Medien, wo allenfalls von »sensiblem Umgang« und »sensiblen Bereichen« die Rede ist. Bezieht sich Ersteres meist auf die deutsche Vergangenheit, so weist Letzteres einmal auf die Integration von Behinderten hin, ein anderes Mal auf die Sicherheits- oder Verteidigungspolitik. Auch der Datenschutz wird zunehmend als *sensibler Bereich* geortet, ebenso Bonuszahlungen oder Zusatzstoffe in Lebensmitteln. Fazit: Der *sensible Bereich* ist überall dort, wo Sensibelchen nichts verloren haben!

sozialverträglicher Stellenabbau ... kommt meist im Multipack mit anderen Euphemismen daher: allen voran *Anreize*, die von entlassungswilligen Dienstgebern *geschaffen* werden, darunter die *Vorruhestandslinie*, die *Altersteilzeitregelung* sowie die *Abfindungsregelung*.

Spaßkultur Mit der *Spaßkultur* im Land schien es zu Beginn des neuen Jahrtausends richtig loszugehen. So ermittelte das B.A.T. Freizeit-Forschungsinstitut im Jahr 2001, das »Spaßprinzip als Lebenselixier« werde im öffentlichen Leben wie im privaten Bereich immer wichtiger. Auch das Institut Allensbach fand damals heraus, dass für die Mehrheit des Landes »der Sinn des Lebens umstandslos im Lebensgenuss liegt«. Liest man heute etwas über die *Spaßkultur*, so findet man davor oft die Formulierung: »Das Ende der ...«. Ein rascher »Kulturverfall« sozusagen – falls es denn je wirklich eine »Kultur« war.

Speeddating »15 Flirts in knapp 2 Stunden – das ist Speeddating!«, jubelte eine Internetplattform im Herbst 2008 über die *Turbopartnersuche* im World Wide Web. Wohl bekomm's!

Standort Deutschland Dass der *Arbeitsplatz-Standort Deutschland* gefährdet sei, war in den 1990er Jahren das Hauptargument jener, die den beabsichtigten Sozialabbau in den Köpfen der Bevölkerung zu verankern suchten. Vielleicht hätte Gott dem christlichen Abendland den größten Gefallen getan, wenn er seinen zehn Geboten doch ein elftes hinzufügt hätte: Du sollst dein Volk nicht belügen!

Streitkultur *Streitkultur* zählt zu jenen Begriffen, die in den meisten Wörterbüchern nicht vorkommen, obwohl sie in den Medien fest etabliert sind. Ähnlich geht es dem *Konfliktmanagement*, den *Lösungsmodellen* oder der *Win-win-Situation*. Auch *Wirtschaftsmediation*, *Konsensdemokratie* und *Konfliktpartnerschaften* harren nach wie vor der sprachwissenschaftlichen Würdigung. Vielleicht sollte man die schönen Begriffe einfach da stehen lassen, wo sie sind – und stattdessen mal über alles reden, was so ansteht.

systemische Immunschwäche Haben Politiker, Vorstände oder Aufsichtsräte einen für die Öffentlichkeit erkennbaren Schaden angerichtet, so zielt die Kreativität der Beteiligten zunächst mitunter darauf, persönliche Schuld zum gleichsam naturhaften Ereignis umzuwerten. So lautete etwa die Diagnose des Finanzkollapses 2008 aus Bankenkreisen nicht etwa: Gier, Fahrlässigkeit, Überforderung, Unfähigkeit, Rücksichtslosigkeit oder Untreue, sondern *systemische Immunschwäche*.

top oder flop   Dem willkürlichen Anheben oder Versenken einer öffentlichen Person infolge einer dummen Bemerkung oder anderer Nebensächlichkeiten entsprach im Mittelalter die »Bäckerwaage«. Diese sorgte schon damals – Seite an Seite mit »Pranger«, »Schandgeige« und dem »Rädern« – für größtes Zuschauerinteresse.

Umfriedung   Dass es gerade in Deutschland so viele Nachbarschaftskonflikte gibt, obwohl hier fast jedes Grundstück von einem Zaun, einer Mauer oder einer dichten Hecke *umfriedet* ist, mag zu denken geben.

unbeherrschbare Räume   Wer wissen will, warum sich die deutsche Justiz bei der Verfolgung Großkrimineller gelegentlich schwerer tut als mit ganz »gewöhnlichen« Mördern, Dieben oder Betrügern, muss nicht eigens bei Kurt Tucholsky nachlesen (»Man macht aus deutschen Eichen keinen Galgen für die Reichen«), liefern doch Wirtschaftsjuristen hierfür neuerdings selbst die Erklärung: So habe man es etwa bei Banken und Versicherungen mit *unbeherrschbaren Räumen* zu tun. Was bei jenen rührigen Innenministern, die sich laufend darum bemühen, unsere Räume beherrschbar zu machen, einigermaßen verwundert.

Variabel   … müsse das Grundgesetz sein, so der deutsche Innenminister Dr. Wolfgang Schäuble im Zusammenhang mit der BKA-Gesetzesnovellierung. Soll heißen: Grundrechte müssen sich einer sich verändernden Welt anpassen lassen. Etwas Ähnliches hat man unseren Eltern und Großeltern auch schon erzählt, zum Beispiel vor der Einführung der »Notverordnungen« und des »Ermächtigungsgesetzes«!

Verbraucherschutzministerium   Mehr Transparenz biete das am 1. Mai 2008 in Kraft getretene *Verbraucherinformationsgesetz*, so das Bundesministerium für Ernährung, Landwirtschaft und Verbraucherschutz. Nicht-amtliche Verbraucherschützer wie Foodwatch-Gründer Thilo Bode sehen das Gesetz dagegen eher als »Kosmetik«. Begründung: Das Gesetz enthalte dem Verbraucher wichtige Rechte vor, darunter etwa das Recht, von Milchproduzenten die Herkunft der Milch zu erfahren. Ein von Greenpeace in Auftrag gegebenes Rechtsgutachten kommt zu keinem günstigeren Ergebnis: »Die meisten Verbraucherinformationen werden auch in Zukunft unter Verschluss bleiben!« Nicht gerade das, was man von einem *Verbraucherschutzministerium* erwartet.

Verfassungsschutz   Man sieht es der Bezeichnung »Bundesamt für Verfassungsschutz« nicht an, dass es seinen Auftrag unter anderem mit geheimdienstlichen Methoden erfüllt. Das sei hier nicht kritisiert, sondern der Vollständigkeit halber erwähnt.

Versammlungsfreiheit, Meinungsfreiheit   Bei all den Grundrechten und »Freiheiten«, die das Grundgesetz garantiert, übersieht man gelegentlich, dass etliche dieser Grundrechte nach dem Motto »im Prinzip ja, aber ...« funktionieren. Beispiel *Meinungsfreiheit*: »Jeder hat das Recht, seine Meinung in Wort, Schrift und Bild frei zu äußern und zu verbreiten (...). Eine Zensur findet nicht statt«, heißt es da in Artikel 5, Absatz (1). Wer sich nun darüber wundert, dass die jüngste BKA-Gesetzesnovelle die Überwachung und das Abhören von Journalisten ohne konkreten Verdacht erlaubt, der hat im Grundgesetz nicht weitergelesen. Dort heißt es in Artikel 5, (2): »Diese Rechte finden ihre Schranken in den Vorschriften der allgemeinen Gesetze (...)«. Ähnlich verhält es sich mit der *Versammlungsfreiheit* in Artikel 8, (1) des Grundgesetzes: »Alle Deutschen haben das Recht, sich ohne Anmeldung oder Erlaubnis friedlich und ohne Waffen zu versammeln«, bevor in Absatz 2 die Einschränkung auf dem Fuße folgt: »Für Versammlungen unter freiem Himmel kann dieses Recht durch Gesetz oder auf Grund eines Gesetzes beschränkt werden.« Da die gewählten Volksvertreter die Zahl »beschränkender Gesetze« bekanntlich kontinuierlich erhöhen, bleibt als einziger Garant unserer »Grundrechte« anscheinend nur noch das Bundesverfassungsgericht.

verschlanken, Verschlankung Seit »Zugehörigkeit« eine immer größere Rolle im Wettbewerb um Wohlstandsanteile spielt, haben bestimmte Codes an Bedeutung gewonnen. Einer davon lautet »Schlankheit«, wie die gewandelten Silhouetten von Schauspielern, Fernsehschaffenden, Models oder Managern verraten. Dass auch Letztgenannte gelegentlich von *Verschlankungen* ganz anderer Art betroffen sind; das zeigen die entsprechenden Entlassungs-Zahlen.

Vivisektion … setzt sich aus den lateinischen Wortstämmen vivere (= leben) und sectio (= das Schneiden) zusammen. In der NS-Zeit wurden mit dem Begriff *Vivisektion* narkosefreie Menschenversuche durch *KZ-Ärzte* getarnt. Heute meint *Vivisektion*: nichttherapeutische operative Eingriffe am lebenden Versuchstier.

Vorermittlung Die Nachricht, in einem Verdachtsfall von Bestechung oder grobem Amtsmissbrauch hätten »die Vorermittlungen begonnen«, mag zu der Annahme verleiten, die Mühlen der Justiz hätten bereits zu mahlen begonnen. Dabei heißt *Vorermittlung* nicht mehr, als dass die zuständige Instanz (meist die Staatsanwaltschaft) zunächst prüft, ob (!) in dem Verdachtsfall ermittelt werden soll, bevor es nach einem eventuell einzuleitenden Verfahren zu einem noch eventuelleren Prozess kommt. So weit, so klar.

Vorkommnisse Auch ohne dass einem etwas verdächtig vorkommt, mag es mitunter vorkommen, dass etwas vorkommt, das zuvor noch nie vorgekommen ist und das aus mancherlei Gründen möglichst nie wieder vorkommen sollte. *Vorkommnisse* (von mittelhochdeutsch vürkomen = erscheinen, sich einstellen) werden allgemein als weniger schlimm empfunden. Das mag ein Grund dafür sein, dass sie in offiziellen Verlautbarungen oft anstelle der Begriffe »Zwischenfälle«, »Störfälle«, »Unfälle« oder »Straffälle« stehen.

Vorruhestand Bei all den sorgsam austarierten *Vorruhestandslinien*, *Vorruhestandsregelungen* und *Vorruhestandstarifverträgen* samt nachfolgenden *Vorruhestandsbezügen* gerät leicht außer Acht, dass hier Menschen in der Mitte ihres Lebens ihre Arbeit verlieren und fortan mit weniger Geld, einem geringeren gesellschaftlichen Status und jeder Menge überschüssiger Energie zurechtkommen müssen.

Vorsichtsmaßnahme ... oder Euphemismus? Das hängt unter Umständen davon ab, wer weshalb zu welchem Zweck in welchem Umfang welche »Zwangsmaßnahme« beschließt (zum Beispiel *Massenkeulung* oder *Evakuierung*).

Vorteilsgewährung, Vorteilsnahme Beides heißt im Klartext »Bestechung«! Es sei denn, die *Vorermittlungen* hätten ergeben, dass in dem entsprechenden Verdachtsfall nicht ermittelt wird. Dann heißt beides gar nichts!

Warteschleifen ... ziehen Flugzeuge, während sie auf ihre Landeerlaubnis warten. Besser haben es da schon Anrufer, die sich ohne die geringste Absturzgefahr aus der musikalisch-telefonischen Warteschleife verabschieden können. Welche Absprungtaktik dagegen dem Klimaschutz, der Bildung, dem Datenschutz oder stellungslosen Praktikanten anzuraten sei, die sich laut Medienberichten ebenfalls in der *Warteschleife* befinden, steht dahin.

Werte Da sich bei uns *Wertekommissionen* scheinbar unablässig um den *Wertedialog*, die *Wertevermittlung* und unser *Wertebewusstsein* kümmern, braucht sich die *Wertegemeinschaft* weniger Sorgen zu machen, wenn die Alkoholwerte nach oben und die Börsenwerte nach unten gehen.

Wohlstandsgesellschaft Wer den Begriff *Wohlstandsgesellschaft* nach wie vor verwendet, wird zur Lektüre von Adam Smiths 1776 publizierter »Untersuchung über Wesen und Ursachen des Wohlstands der Völker« verdonnert! »Der Mensch ist darauf angewiesen, von seiner Arbeit zu leben«, tut der Urvater der freien Marktwirtschaft dort kund und lässt uns wissen: »Und sein Lohn muss mindestens so hoch sein, dass er davon existieren kann!« Dass es von hier zur ...

Wurzelbehandlung ... nur ein kleiner Schritt ist, liegt indes allein an der Tücke des Alphabets. Wobei über den letzteren Begriff an dieser Stelle nicht mehr gesagt sein soll, als dass er unangenehmen Begleiterscheinungen sprachlich ähnlich ausklammert wie der ...

Zweidrittelgesellschaft   »Zwei Drittel der Gesellschaft leben in gesicherten Verhältnissen – ein Drittel ist ungesichert bis arm.« So etwa lautet die Formel von der *Zweidrittelgesellschaft*. Ob derartige Einschätzungen realitätsnah, übertrieben oder euphemistisch sind, wird meist erst mit historischem Abstand deutlich. Der allerdings zeigt, dass hierzulande schon ungleich krassere Verteilungsquoten an der Tagesordnung waren.

Zwischenlager   Obwohl manche Atommüll-*Zwischenlager* mangels verfügbarer Endlager längst selbst zu Endlagern geworden sind, haftet ihnen vermeintlich bis in alle Ewigkeit der Name *Zwischenlager* an.

9. Vom Diskussionsbedarf zu Maßnahmepaketen
Die Schwammsprache der Politik

(neue) Akzente setzen Neue *Akzente* in der Mode künden meist von neuen Farben, neuen Accessoires oder neuen Schnitten. Auch im Fußball ist spätestens zu Beginn der neuen Spielzeit zu erkennen, ob sich die versprochenen *neuen Akzente* zum Beispiel in einem effizienten Angriffsspiel niederschlagen. Anders ist das bei Politikern. Wer, wie eine vormalige schleswig-holsteinische Ministerpräsidentin, ihr Wahlprogramm so vage »akzentuiert« – »Wir wollen nicht nur stark wirtschaftliche Akzente setzen, sondern auch Kunst, Literatur und schöngeistige Dinge einbeziehen« –, muss sich nicht wundern, wenn sogar Parteifreunde anschließend eigene *Akzente* setzen.

Alles im Griff Seit der preußische Minister Graf Schulenburg nach der verlorenen Schlacht bei Jena den Slogan prägte: »Ruhe ist die erste Bürgerpflicht«, bekunden Militärs, Politiker und sonstige Entscheidungsträger in kritischen Situationen geradezu reflexhaft: »Wir haben die Situation im Griff.« Dass auch außerhalb Deutschlands das vergleichbare Motto gilt, bewies der damalige US-amerikanische Präsident George W. Bush nach dem Notverkauf der Investmentbank Bear Stearns im März 2008: »Die USA haben die Situation fest im Griff. Unsere Finanzinstitute sind stark, unsere Kapitalmärkte funktionieren effizient.« Sechs Monate später führte der US-Finanzmarktcrash der Welt vor Augen, dass der Wert derartiger Formeln auch davon abhängt, von *wem* sie kommen.

nicht ausschließen (können)   Wer als Politik etwas ausdrücklich *nicht ausschließen* kann, hält die Angelegenheit in Wahrheit meist für beschlossen.

Beitrag (leisten)   Mit dem Antrag 15/4154 (Titel: »Für eine verständlichere Sprache in Gesetzen, Verordnungen und Behördenschreiben – Gegen schlechtes Amtsdeutsch«) leistete die CDU/CSU-Bundestagsfraktion im Wahljahr 1998 laut Pressemitteilung »einen allgemeinen Beitrag zum Bürokratieabbau und zu mehr Bürgerfreundlichkeit«. Ein Schelm, wer nach mehr als zehn Jahren nach dem Resultat des »Vorstoßes« fragt.

berührt sein, nicht unberührt lassen   Wer als Volks-, Verbands- oder Firmenvertreter Anteilnahme dokumentiert, betont mitunter, dass ihn das Ganze *nicht unberührt* lasse. Eine praktische doppelte Verneinung – vor allem für Zeitgenossen, die *nicht uneitel* sind, die *nicht für unwichtig* genommen werden wollen, und die daher meist auch *nicht ausschließlich uneigennützig* handeln.

betroffen, Betroffenheit   Seit pfiffige Journalisten infolge inflationär beteuertem Betroffensein den Begriff »Betroffenheitskultur« prägten, ist die *Betroffenheit* in der Rangskala spontaner Mitgefühlsbekundungen bei Politikern deutlich nach unten gerutscht.

bürgernah   … sind laut aktueller Selbsteinschätzung: alle Parteien, die Justiz, die Stromtarifanbieter, der Denkmalschutz, die Gesundheitspolitik, die Polizei sowie sämtliche Bürgermeister im Land. Da die Letztgenannten nicht nur *bürgernah* sind, sondern obendrein auch noch *kompetent* und *konsequent*, fehlt zum kompletten Bürgerglück eigentlich nur noch das in einigen Modellregionen bereits gestartete *Bürgertelefon*.

Chancengleichheit Je öfter sie beschworen wird, umso mehr schrumpft *Chancengleichheit* zur Begriffshülse: Nie seit 1945 waren in Deutschland die Bildungschancen zwischen Jugendlichen aus unterschiedlichen sozialen Schichten so ungleich wie heute, so das Resultat der »Shell-Jugendstudie 2006«.

christlich, sozial, freiheitlich, demokratisch, ökologisch ... stehen im *Wertekanon* der deutschen *Leitkultur* ganz oben, obzwar sich die Begriffe in den Namen der das Land regierenden Parteien wiederfinden. »Obzwar«? Sollte es nicht besser heißen: »obwohl«? Oder »wenngleich«? Oder doch am Ende »weil«?

in aller Deutlichkeit ... *in aller Entschiedenheit* und – wo selbst das nicht hilft – *mit großem Ernst* sei manchen »Volksvertretern« *klar und unmissverständlich* nahegebracht, dass man mit derartigen Füllstoff-Floskeln sich und allen anderen nur die Zeit stiehlt.

Dialog Wer lauthals verkündet, den *Dialog suchen* zu wollen, hat es damit offenbar nicht eilig. Sonst hätte er ihn per Telefon, Fax oder E-Mail doch längst aufgenommen!

dienen »Alle Staatsgewalt hat dem Wohl des Volkes zu dienen. Der Staat ist kein Selbstzweck, und schon gar nicht darf er von den Regierenden für ihre Zwecke instrumentalisiert werden.« Mit diesen Worten leitet Universitätsprofessor Hans Herbert von Arnim sein Buch *Staat ohne Diener* ein. So wenig von Arnims

Buchtitel für alle Staatsdiener gilt, so sehr trifft der Vorwurf des Staatsrechtlers jene Politiker, die die Begriffe *dienen* oder *Verantwortung übernehmen* gerne im Munde führen, während sie sich etwa in Sachen Parteienfinanzierung, Ämterpatronage oder der eigenen Altersversorgung dem Volk gegenüber manchmal durchaus undienlich verhalten. (Siehe auch Stichwort: *Opfer*)

Diskussionsbedarf Sobald politische Entscheidungsträger eine Entscheidung auf die berühmte lange Bank schieben möchten, kommt mit fast pawlowscher Automatik der *Diskussionsbedarf* ins Spiel. Auf diese Weise signalisiert man *Problembewusstsein*, ohne sofort die betreffende Diskussion führen zu müssen.

Empfehlungen 8586 Wörter umfassen die *Allgemeinen Empfehlungen für das Formulieren von Rechtsvorschriften* des Bundesministeriums der Justiz. Darin geht es um die »Verständlichkeit von Rechtsvorschriften«. Oh, hätte doch nur jemand dem Bundesinnenministerium diese *Empfehlungen* vor der Novellierung des BKA-Gesetzes zur Lektüre empfohlen! So hätte man einen Satz wie diesen wohl beizeiten in den Schredder geschoben: »Die von den Ländern in das polizeiliche Informationssystem eingegebenen Datensätze können auch von den jeweiligen Landesbeauftragten für den Datenschutz im Zusammenhang mit der Wahrnehmung ihrer Prüfungsaufgaben in den Ländern kontrolliert werden, soweit die Länder nach Absatz 2 verantwortlich sind.«

entschlossen, Entschlossenheit Egal, ob unsere Politiker *in aller Entschlossenheit, in aller Entschiedenheit* oder *in aller Festigkeit* Deutschland *fit für die Zukunft* machen oder *mit großem Ernst Handlungsbedarf* erkennen: Dem Bürger wär's manchmal lieber, sie entschieden und handelten – wenn auch durchaus »mit großem Ernst«.

Fit für die Zukunft Unter dem Motto *Fit für die Zukunft* informiert der »Deutsche Industrie- und Handelskammertag« (DIHK) über neue Ausbildungsberufe. Und weil der Slogan gar so griffig ist, greifen zunehmend auch andere Institutionen darauf zurück: So werden inzwischen nicht nur Telefonfestnetze und Feuerwehren *fit für die Zukunft* gemacht, sondern auch Einparkhilfen und Naturkosmetikprodukte bis hin zu ganzen Bundesländern. Wem möchte da noch vor der Zukunft bang sein?

Freie Fahrt für freie Bürger Nicht zufällig kam der Slogan zu jener Zeit auf, als Bundesbürger wie Politiker noch die Bilder Ölschock-bedingt leerer Autobahnen in Erinnerung hatten und die »Freiheit« des Bürgers soeben erst durch die Notstandsgesetze eingeschränkt worden war. Auch die *Freie Fahrt* war von Anfang an eine Schimäre, eingeschränkt durch Staus, verkehrsberuhigte Innenstädte und explodierende Kraftstoffpreise.

Freiheit Schon während der Französischen Revolution kamen der liberté (= Freiheit) bekanntlich die Partner égalité (= Gleichheit) und fraternité (= Brüderlichkeit) abhanden. Allein die Trinität frei – freiheitlich – Freiheit hat sich durch alle Epochen und gesellschaftlichen Systeme hindurch immer frisch behauptet, zumindest als Schlagwort: im Kommunismus (»Denn es versteht sich von selbst, dass die errungene Freiheit geschützt werden muss«; J. Stalin) ebenso wie im Sozialismus (Stichwort: *Freie Deutsche Jugend*), in der Demokratie russischer Prägung (»Freiheit ist besser als Unfreiheit«; Russlands Präsident A. Medwedjew) oder in der Demokratie westlicher Prägung (»There is no power greater than the power of freedom«; Ex-US-Präsident G. W. Bush). Sogar der neben Stalin größte Freiheitsverächter aller Zeiten, Hitler, bemühte den Begriff in »Mein Kampf« rund einhundert Mal – wenn auch meist zur *Freiheit des Volkes* vernebelt. Wo alle Mächtigen dieser Erde scheinbar stets nur »das Gute schaffen« wollen, empfiehlt sich die spracheetymologische Goldwaage: Danach ist jemand frei (von althochdeutsch fri = eigen), wenn er unabhängig beziehungsweise ungebunden ist und durch nichts und niemanden in seinem Handeln eingeschränkt wird.

Gesprächskultur Sprachlich steht es mit der *Gesprächskultur* zum allerbesten. So mangelt es weder an *Gesprächsangeboten* oder *Gesprächsbedarf* noch an *Gesprächsthemen* oder *Gesprächsgrundlagen*, geschweige denn an *Gesprächsfeldern* und *potenziellen Gesprächspartnern*. Dank *Flatrate* und »Gratis-Gesprächsminuten« halten sich auch die *Gesprächskosten* im Rahmen.

Gestaltung der politischen Landschaft Früher war bekanntlich manches übersichtlicher. Da wusste zum Beispiel jeder, wer etwas *gestalten* durfte. Da waren a) die Architekten. Die gestalteten je nachdem Innenräume, Fassaden, Plätze, Areale oder Außenanlagen. Und da waren b) die Bildhauer, die gestalteten sowieso alles, was ihnen an Formbarem unter die Finger kam. Sonst gestaltete niemand – außer im Bastelunterricht. Heute ist das anders. Da werden neben Skulpturen und Installationen reihenweise *Kulturlandschaften* und *politische Landschaften gestaltet*, das *Miteinander* ebenso wie die *Globalisierung*, *Preise* oder die *politische Karte Europas*. Wenn denn nur alles ähnlich greifbar wäre!

Gewissensfreiheit Auch wenn das Grundgesetz die *Gewissensfreiheit* von Abgeordneten festschreibt, erscheint sie doch in der Praxis oft eher als ein Euphemismus für »Fraktionsdisziplin«.

Handlungsbedarf Der Handlungsbedarf erfährt im politischen Sprachgebrauch mehrere Steigerungsstufen:
 1. »Es besteht kein Handlungsbedarf.« (Regierung)
 2. »Es besteht (dringender) Handlungsbedarf.« (Opposition)
 3. »Es muss geprüft werden, ob Handlungsbedarf besteht.« (Regierung)
 4. »Ich sehe hier Handlungsbedarf.« (Minister)
 2005 definierte der kanadische Psychologe Saul Miller in der »New York Times« Intelligenz auch als die Fähigkeit, »to do what needs to be done« – das zu tun, was getan werden muss. Dem ist nichts hinzuzufügen.

Herausforderung annehmen Rhetorische Anleihe bei Berufsboxern, für die die *Annahme einer Herausforderung* – anders als für Politiker – mit hohem gesundheitlichem Risiko verbunden ist.

Initiative »Initiieren« heißt dem lateinischen Wortursprung zufolge beginnen, aber auch anstoßen. Als sei das nicht Anstoß genug, pflegt das zugehörige Hauptwort – die *Initiative* – meist obendrein ergriffen, gestartet, gegründet oder übernommen zu werden. Nichts von alledem auf die Frage der »Frankfurter Rundschau« Anfang 2005 an einen Fraktionssprecher, ob seine Partei eine »Initiative zur Verbesserung der Transparenz der Abgeordneten-Einkünfte« plane. Nichts – außer der Gegenfrage: »Wieso?«

Der kleine Mann auf der Straße   Das wahre Genie von Ex-Sozialminister Norbert Blüm (Zitat: »Marx ist tot! Jesus lebt!«) bestand darin, die Lacher meist auf seiner Seite zu haben, ohne gleich den Beweis für seine oft flockigen Behauptungen antreten zu müssen. Als Hauptzeugen bemühte der Meister der Rabulistik mit Vorliebe jenen kleinen Mann auf der Straße, von dem vermutlich nur Blüm selbst eine konkrete Vorstellung hatte. Wie sich wohl besagter *kleiner Mann* heute zu Norbert Blüms berühmtem Versprechen »Die Rente ist sicher!« äußern würde? »Die Rente? Na klar ist die sicher! Von der Höhe war ja nie die Rede.«

Leistung   In den Jahren nach 1982, als sich »Leistung wieder lohnte« – vor allem für *Leistungsträger* –, bemühte man sich bis in die Niederungen der Leistungsgesellschaft um Leistungsbereitschaft, Leistungswillen und Leistungsorientierung (wozu hier und da paradoxerweise auch Leistungskürzungen zählten). Das ging so, bis das Leistungssystem von Finanzmarkt her zu bröckeln begann und all die schönen *Leistungspakete* nichts mehr halfen, sondern nur noch Rettungs- und Konjunkturpakete. Allein den *Leistungsträgern* vermochte das nur wenig anzuhaben.

ein Mehr an   Wer heute *ein Mehr an Demokratie* fordert, hat zwar immer die Mehrheit im Auge, mehr allerdings oft nicht – schon gar nicht, wenn es daneben um *ein Mehr an Sicherheit* oder *ein Mehr an Energiepolitik* geht. Dagegen muss *ein Mehr an Seele*, wie es Bischöfe fordern, allenfalls als frommer Wunsch gelten.

Minuswachstum   Miese Zeiten beflügeln die Kreativität; das bestätigte jüngst der Präsident der Europäischen Handelskammer in Peking, Jörg Wuttke, indem er anstelle des längst als Euphemismus für Rezession entlarvten *Minuswachstums* in China »starkes *Negativwachstum*« ortete. Die Gastgeber werden es zu schätzen wissen.

Die Mitte Dass die Parteien bei der Auswahl ihrer Wahl- und Parteitagsslogans Fantasie walten ließen, kann ihnen beim besten Willen niemand nachsagen. So gewann bekanntlich die SPD mit dem Motto »Die Mitte in Deutschland« die Bundestagswahl 2002. Ein Grund mehr für die CDU, ein paar Jahre später mit dem Motto »Die Mitte« zu kontern. Die Tatsache, dass die Grünen längst ebenfalls »in der Mitte angekommen« waren, hielt die FDP nicht davon ab, 2008 mit dem Spruch »Die Mitte stärken!« anzutreten – und das, obwohl immer mehr Menschen aus der Mitte abgleiten oder sich ab durch die Mitte verabschieden.

Motivationsschub Was wäre wohl als Auslöser für einen *Motivationsschub* geeigneter als eine veritable Weltwirtschaftskrise? Das Gegenteil ist bekanntlich vielerorts der Fall. Drum ab in den Orkus mit der entbehrlichen Blähvokabel.

mündiger Bürger Wer sich als Bürger gerne von Politikern als *mündig* bauchpinseln lässt, kennt möglicherweise das jüdische Sprichwort nicht: »Was lecken kann, das kann auch beißen.«

Offensive Ob im normalen Leben oder im Hochleistungssport – wer *offensiv* handelt, verhält sich je nachdem aggressiv, angriffslustig oder kämpferisch. Anders ist das wohl in der Politik, wo man mit *Arbeitsmarktoffensiven*, *Bildungsoffensiven* oder *Lehrstellenoffensiven* allenfalls die politische Alltagsarbeit zum Event aufbläst.

Opfer »Wir alle müssen Opfer bringen«, seufzte es unhörbar aus den Parlamentsreihen der großen Koalition, als man am 7. November 2007 die geplante Kindergelderhöhung aus der Agenda nahm und dafür die Diäten der Bundestagsabgeordneten um 10 Prozent erhöhte.

Parteienlandschaft ... meint gerade mal eine Handvoll (= 5+) Parlamentsparteien, von denen sich mindestens vier um die »Mitte« balgen.

praktisch Wer die Vokabel *praktisch* (»Die Inflation ist praktisch zum Stillstand gekommen«) für gar unbedenklich hält, sei an die berühmte Aussage des Titanic-Kapitäns erinnert: Sein Schiff sei »praktisch unsinkbar«.

Problembewusstsein Was ist der Unterschied zwischen *Problembewusstsein* und politischen Entscheidungen? Ganz einfach: Politischen Entscheidungen geht stets *Problembewusstsein* voraus. Umgekehrt zieht längst nicht jedes Problembewusstsein politische Entscheidungen nach sich.

Rahmenbedingungen Nachdem die politischen, steuerlichen, rechtlichen und wirtschaftlichen *Rahmenbedingungen* seit Ende der 1980er Jahre unablässig »verbessert«, den Anforderungen des Arbeitsmarkts »angeglichen« und der Globalisierung sowie der Sicherheitspolitik »angepasst« wurden, müsste es ja allmählich mit allem Möglichen hierzulande ordentlich vorangehen.

Reformstau & Ruck In beschaulicheren Zeiten begriff man den *Ruck* als eine Wortsilbe mit wechselnden Zugehörigkeiten – mal mit der Vorsilbe »Hau« einhergehend, mal mit der Nachsilbe »zuck« oder »sack«. Als es mit der Beschaulichkeit vorbei war, ging man ruck, zuck dazu über, den *Ruck* von seiner jeweiligen Begleitsilbe abzukoppeln: Ein »Ruck« müsse »durchs Land gehen«, hieß es, und die Dinge kämen wieder in Ordnung. Was es mit den *Rucks*, sprich: den Reformen, im Lande auf sich hat, legt Ralph Bollmann in seinem Buch »Reform. Ein deutscher Mythos« anhand von Beispielen dar, beginnend mit der »Agenda 1517«, endend mit der »Agenda 2010«. Bollmanns ernüchterndes Fazit: »Eine Reformepoche endet nicht mit der Auflösung des Reformstaus. Sie endet, wenn sich die Rede vom Reformstau erschöpft hat.«

aus Rücksicht auf Die Wendung »aus Rücksicht auf die Schwachen im Land« wurde in den vergangenen Jahren fast ebenso heftig strapaziert wie die *Solidargemeinschaft* als solche. Dass dabei dennoch einiges in Schieflage geriet, lag keinesfalls an mangelndem gutem Willen, an Unfähigkeit oder falschen Entscheidungen, sondern war das Ergebnis *ökonomischer, politischer* und behaupteter *Sachzwänge*.

Souverän Gemeint ist jenes wahlberechtigte Volk, dessen Souveränität zwischen den Wahlen bekanntlich kontinuierlich beschnitten wird. Der Begriff *Souverän* (= unumschränkter Herrscher des Landes) wurde 1982 bis 1998 gerne vom damaligen Bundeskanzler Helmut Kohl bemüht, der damit geschickt davon ablenkte, wer 16 Jahre lang der eigentliche *Souverän* im Lande war.

Transparenz *Transparenz* ist vom lateinischen transparere (= durchscheinen) abgeleitet und bezieht sich meist auf die Lichtdurchlässigkeit von Stoffen. Dass in der Politik weniger von Lichtdurchlässigkeit als vom Gegenteil die Rede ist, verraten die drei häufigsten Begleitwörter der *Transparenz*: mehr, schaffen, fehlende.

überrascht zur Kenntnis nehmen Wer als Politiker die Aussage des Koalitionspartners oder des politischen Gegners »*überrascht zur Kenntnis nimmt*«, möchte dem Wahlvolk signalisieren, dass die anderen sich nicht regelgerecht beziehungsweise falsch verhalten haben. Wirklich überrascht ist über das eine wie über das andere nicht einmal das Wahlvolk.

unbeirrbar Egal ob das Wort *unbeirrbar* für geradlinig, beharrlich oder geduldig steht oder für halsstarrig, eigensinnig oder unerbittlich: Wer sich als *unbeirrbarer* Politiker präsentiert, kann damit immer bei der eigenen Klientel punkten.

Verantwortung übernehmen Tritt Ministerin oder Minister zurück, so heißt *Verantwortung übernehmen* das, was es heißt. Drängt es dagegen Wahlkämpferinnen und Wahlkämpfer dazu, *Verantwortung* zu *übernehmen*, so möchten sie in Wahrheit regieren.

Vermittlungsproblem Wenn sich bei Wählern Politikerverdrossenheit breit macht, so wird dies von manchen Politikern weniger als Qualitäts- oder Glaubwürdigkeitsproblem, sondern lieber als *Vermittlungsproblem* interpretiert. Soll heißen: Nicht unsere Politik ist schlecht, sondern die Art, wie wir sie verkaufen!

Vordenker Gibt man den Begriff *Vordenker* in die Suchmaske von Internet-Wortschatzportalen ein, so erscheinen dort gleich mehrfach die gleichen Begriffe (= Kookkurrenzen). Deutlich an der Spitze: »Glotz«, gefolgt von »Eppler«. Was daran irritiert, ist weniger der Umstand, dass hier einem aus der aktiven Politik ausgeschiedenen (Eppler) beziehungsweise verstorbenen (Glotz) Sozialdemokraten offenbar nachhängt, ihr »Vordenken« hätte politikrelevantes »Nachdenken« bewirkt. Es ist vielmehr die Erkenntnis, dass derartige Klischees eine extreme Haltbarkeitsdauer besitzen. Um wie viel verlässlicher wäre da etwa der Begriff »Voresser« – zumal in der Boom-Ära der Fernsehkochshows. Aber hier bieten die Wortschatzportale so gar keine Kookurrenzen.

Vorstoß   Den Wandel der Zeit kann man bisweilen auch am Bedeutungswandel bestimmter offizieller Begriffe ablesen. Beispiel: *Vorstoß*. Bis ins beginnende 20. Jahrhundert hinein verstand man darunter zweierlei: a) das Vorrücken von Gletschern und b) das Vorrücken von Militärs.

Rund hundert Jahre später, da sich die Gletscher weiträumig zurückziehen und der letzte von deutschem Boden ausgegangene Krieg schon länger zurückliegt, hat sich die Politik der Vakanz bemächtigt. Seither heißt fast alles *Vorstoß*, was früher allenfalls als »Vorschlag«, »Anregung« oder »Antrag« galt.

Weichenstellung   Bedenkt man, wie viele Weichenstellungen der »Verfassungsväter« in rund 60 Jahren jeweiligen »Sachzwängen« geopfert wurden, so überkommt einen angesichts mancher modernen »Weichensteller« das Gruseln.

nicht der Zeitpunkt   »Jetzt ist nicht der Zeitpunkt für kritische Fragen«, heißt es mitunter von Verbandsvertretern oder Politikern, wenn das »Kind« in den sprichwörtlichen »Brunnen« gefallen ist. Gegenfrage: »Wann, wenn nicht jetzt?«

10. Von der Erfassung zur ethnischen Säuberung
Das ABC des Unmenschen

akquirieren   Ende der 1930er Jahre begannen deutsche Stellen im Auftrag Adolf Hitlers systematisch Kunstgegenstände für dessen geplantes *Führermuseum* in Linz zu erwerben (lateinisch: *acquirere*). Geschah die *Akquise* zunächst im Wortsinn durch Ankauf, also gegen Geld, so zielte der *Sonderauftrag Linz* ab 1940 nurmehr auf Beschlagnahme und Raub. Die solchermaßen aus europäischen Schlössern, Bibliotheken, Museen oder jüdischem Privatbesitz *sichergestellten* beziehungsweise *akquirierten* (NS-Jargon) Kunstschätze erreichten indes nie die geplante *Führerhauptstadt*, sondern wurden gegen Kriegsende in einen südlich von Linz gelegenen Bergwerksstollen verbracht, wo sie 1945 von den Alliierten geborgen wurden.

Anschluss   Trotz der dokumentierten Begeisterung vieler Österreicher war der *Anschluss* Österreichs im März 1938 völkerrechtlich kein *Anschluss*, sondern eine »Annexion« (=Aneignung).

antifaschistischer Schutzwall   … lautete in der *DDR*-Propaganda die Bezeichnung für die Berliner Mauer. Dass an besagtem *Schutzwall* ausschließlich Bürger des eigenen Herrschaftsbereichs zu Tode gebracht wurden, erzeugte seitens der Nomenklatura der *Deutschen Demokratischen Republik* naturgemäß keinen Erklärungsbedarf.

Arbeit macht frei *Arbeit macht frei* lautete die zynische Parole, die als Toraufschrift über den Zugängen zu den meisten NS-Vernichtungslagern prangte – ein Satz, der erstmals 1872 als Romantitel bekannt geworden war. Auch die nicht minder zynische Torinschrift zum KZ Buchenwald: *Jedem das Seine*, eine von außen in Spiegelschrift zu lesende Parole, wurzelt in Historischem. *Suum cuique* – so die lateinische Entsprechung – war vor Christi Geburt bereits von Cicero geprägt und im Jahr 1701 vom Preußenkönig Friedrich I. zum Motto erhoben worden. Dass der Slogan nach wie vor auch die Barette der Bundeswehr-Feldjäger schmückt, steht indes auf einem ganz anderen Blatt.

Arisierung Nur drei Tage nach der sogenannten *Reichskristallnacht* (NS-Jargon), am 12. November 1938, wurde den Juden in Deutschland per »Verordnung zur Ausschaltung der Juden aus dem deutschen Wirtschaftsleben« unter anderem der Betrieb von Einzelhandelsgeschäften und Handwerksbetrieben untersagt. Ab dem 3. Dezember 1938 zwang die »Verordnung über den Einsatz des jüdischen Vermögens« die jüdischen Mitbürger zum Verkauf ihrer Immobilien. Den damit eingeleiteten Vorgang der Enteignung versteckten die NS-Machthaber dennoch lieber hinter dem Euphemismus *Arisierung*.

Befehlsempfänger »Hiermit beauftrage ich Sie«, schrieb der Leiter des Reichssicherheitshauptamtes, Adolf Eichmann, am 31.7.1941 an SS-Chef Reinhard Heydrich, »die erforderlichen Vorbereitungen in organisatorischer, sachlicher und materieller Hinsicht zu treffen für eine Gesamtlösung der Judenfrage.« 1961 in Jerusalem vor Gericht gestellt, wollte Eichmann sich im Nachhinein nur als »Befehlsempfänger« sehen – ähnlich wie fast alle nach 1945 angeklagten NS-Täter.

Blitzkrieg Der *Blitzkrieg* zählt zu den wenigen deutschen Vokabeln, die auch in andere Sprachen Eingang fanden. Fälschlicherweise Hitler zugeschrieben, wurde der Begriff 1935 in einem Artikel der deutschen Militärzeitschrift *Deutsche Wehr* in die Welt gesetzt. Darin hieß es, rohstoffarme Länder (wie Deutschland) sollten bestrebt sein, »einen Krieg schlagartig zu erledigen, indem sie gleich zu Anfang durch den rücksichtslosen Einsatz ihrer totalen Kampfkraft versuchen, eine Entscheidung zu erzwingen.« Heißt euphemismenfrei: durch den Überfall auf ein nicht hinreichend verteidigungsfähiges Land.

Deportation Von lateinisch deportare (= wegbringen, fortschaffen, verbannen). Seit NS-Massenvernichtungslagern und stalinistischem GULAG steht *Deportation* für die Zwangsverschleppung von Regimeopfern zum Zweck der Internierung und/oder Ermordung.

Emigration, emigrieren Stand bereits vor 1933 sowohl für freiwilliges wie für erzwungenes Auswandern (von lateinisch emigrare). Ob der Begriff als euphemistisch anzusehen ist, hängt – ähnlich wie bei *evakuieren* oder *erfassen* – nach wie vor von den Umständen ab.

Endlösung Als »geheime Reichssache« wurde am 20.1.1942 in Berlin, Am Großen Wannsee Nr. 56/58, die sogenannte »Endlösung der Judenfrage« beschlossen: vier Staatssekretäre, ein Ministerialdirektor, ein Unterstaatssekretär, ein NS-Gauleiter, ein Reichsamtsleiter und sieben SS-Führer setzten unter der Leitung des SS-Obergruppenführers Heydrich damit zugleich den schlimmsten aller Euphemismen in die Welt.

Endsieg Deutlicher kann die Funktion von Beschönigungen kaum zum Ausdruck kommen als in jener NS-Propagandaformel angesichts des darniederliegenden eigenen Landes. Dabei hatte der Wiener Spötter Karl Kraus schon gegen Ende des Ersten Weltkriegs eine Glosse »Vor dem Endsieg« betitelt. In der Satire liegt wohl der feine Unterschied – auch bei Beschönigungen.

Ethnische Säuberung Gemeint ist die planmäßige Beseitigung ethnischer Minderheiten durch Vertreibung, Ermordung, Unfruchtbarmachen oder andere Gräuel. Spätestens seit dem Balkankrieg der 1990er Jahre gilt die Beschönigungsformel als entlarvt, ohne deswegen ganz aus den Medien verschwunden zu sein.

Euthanasie Zusammengesetzt aus griechisch eu (= gut, richtig) und thánatos (= Tod), steht *Euthanasie* in der Medizin
  a) für die Erleichterung des Sterbens durch schmerzlindernde Narkotika;
  b) für das absichtliche »Herbeiführen des Todes« (= Sterbehilfe) durch Medikamente beziehungsweise Behandlungsabbruch.
  Unter den Nationalsozialisten dagegen war *Euthanasie* neben *Gnadentod* der gängige Tarnbegriff für die systematische Ermordung psychisch kranker und behinderter Menschen.

Fluktuation Wenn während des Zweiten Weltkriegs eine in NS-Diensten stehende Firma »die Fluktuation von 80 Arbeitskräften/Monat« vermeldete, so war damit der Tod von 80 Zwangsarbeitern gemeint – meist infolge von Unterernährung und/oder Misshandlung. Wenn mehr als 60 Jahre nach Kriegsende im gleichen Zusammenhang nach wie vor von *Fluktuation* die Rede ist, so zeigt dies einmal mehr, mit welcher Macht manche NS-Euphemismen noch heute in den Köpfen nachwirken.

Gleichschaltung Am 31. März 1933 trat in Deutschland das *Erste Gleichschaltungsgesetz* in Kraft. Mit dem Verbot von Opposition, Verbänden, freier Presse und sonstigen unabhängigen Gruppierungen wurde per »Gleichschaltung« wenige Wochen nach der Wahl und Ernennung Hitlers zum Reichskanzler die Demokratie de facto abgeschafft und durch eine Diktatur ersetzt.

Gnadentod Bezeichnete ursprünglich die Tötung eines unheilbar erkrankten oder schwer verletzten Tieres, in der Absicht, sein Leiden zu verkürzen. Unter dem NS-Regime wurde der Begriff *Gnadentod* pervertiert und stand seit dem Ende der 1930er Jahre neben *Euthanasie* und *Tötung lebensunwerten Lebens* für die planmäßige Ermordung psychisch kranker und behinderter Menschen in eigens eingerichteten Anstalten.

Judenstern Unmittelbar nach dem deutschen Überfall auf Polen im Herbst 1939 zwang man die dort lebenden Juden zum Tragen des sogenannten *Judensterns*. Am 19. September 1941 wurde dieselbe Anordnung auf das Deutsche Reich und die übrigen besetzten Gebiete ausgedehnt. Neben der Demütigung, Diskriminierung und Ausgrenzung der Juden ging es vor allem um deren raschere Auffindung zur *planmäßigen Deportation* in die Vernichtungslager.

Konzentrationslager, KZ Erstmals im Burenkrieg 1899 bis 1902 von den Briten als Synonym für »Internierungslager« eingesetzt, ging der Begriff ab 1933 in die NS-Terminologie ein. De facto gab es 1944 im deutschen Herrschaftsbereich 22 als *KZ* bezeichnete Massenvernichtungslager mit Opferzahlen zwischen 20.000 (Mittelbau-Dora) und mehr als 1.000.000 Toten (Auschwitz).

kriegswichtige Maßnahmen   Mit dem Beginn des Zweiten Weltkriegs hielten in Deutschland auch die sogenannten *kriegswichtigen Maßnahmen* Einzug. Von Raub und Enteignungen über Zwangsarbeit bis hin zur Einberufung Minderjähriger in den Kriegsdienst reichte jene staatliche Willkür, die unter diesem Etikett das gesamte öffentliche Leben gleichsam in Geiselhaft nahm. Wie das Protokoll der am 15. August 1940 durchgeführten »Konferenz zur Erörterung dringender kriegswichtiger Maßnahmen auf dem Gebiete des Heil- und Pflegewesens« beweist, zählte zu besagten *Maßnahmen* auch *Euthanasie.*

liquidieren, Liquidation   Von lateinisch liquidare (= verflüssigen). Steht im Vokabular des Unmenschen für »töten« beziehungsweise »ermorden«.

Nürnberger (Rassen-)Gesetze   Die sogenannten *Nürnberger Gesetze* – auch: Nürnberger *Rassengesetze* – wurden während des *Reichsparteitags der Freiheit* (!) am 15. September 1935 von Reichstagspräsident Göring verkündet und sofort in Kraft gesetzt. Jene »Gesetze« bildeten die »rechtliche« Grundlage für alle folgenden rassistisch motivierten NS-Verbrechen.

Protektorat   Von lateinisch protegere (= schützen). Die Bezeichnung »Reichsprotektorat Böhmen und Mähren« vernebelte die Tatsache, dass es sich bei dem »Zuhilfekommen« der deutschen Wehrmacht im März 1939 in Wahrheit um die völkerrechtswidrige Annexion Rest-Tschechiens handelte. (Das Sudetenland war bereits nach dem »Münchner Abkommen« im September 1938 dem Deutschen Reich *beigetreten.*)

Rassenhygiene Ende des 19. Jahrhunderts wurden Deutschland und Frankreich von Publikationen überschwemmt, die darauf zielten, die Menschheit anhand von Bestimmungsmerkmalen wie Hautfarbe, Kopfform, Stirnwinkel oder Körperbau zu klassifizieren. Ganz oben auf der Skala stand stets jener mitteleuropäische »Typus«, dem die Verfasser sich in der Regel selbst zurechneten. *Eugenik* nannte sich jene Pseudowissenschaft, die in der Folge weitere rassistische Begriffe gebar, darunter *Rassenhygiene*. Aus dem anfänglichen Unsinn wurde blutiger Ernst, als die Nationalsozialisten *Rassenhygiene* als Tarnbegriff verwendeten: für die planmäßige Ausgrenzung, Zwangssterilisation und Ermordung sogenannten »lebensunwerten Lebens«.

Reichskristallnacht, Kristallnacht Langlebiger NS-Euphemismus. Auch die gut gemeinte Umwandlung in *Pogromnacht* wird dem Schrecken jener Nacht vom 9. auf den 10. November 1938 nicht gerecht, zumal das aus dem Russischen abgeleitete »Pogrom« (= Unwetter, Verwüstung) kaum mehr erfühlt werden kann. Wenn es denn ein Schlagwort sein soll: De facto war es Staatsterror.

Schutzhaft Als Friedrich Wilhelm IV. von Preußen am 24. September 1848 das »Gesetz zum Schutze der persönlichen Freiheit« erließ, zielte der Monarch auf den Schutz Inhaftierter vor behördlicher Willkür, nach dem Motto: »Kein Verfahren ohne Richter«. Auch hier waren es die Nationalsozialisten, die einen vergleichsweise unverfänglichen Rechtsbegriff pervertierten. So schuf etwa das Reichsinnenministerium schon am 12. April 1934 durch die »Anordnung Schutzhaft« die Grundlage für die Ausschaltung der Justiz im Fall von »Zwangsmaßnahmen« – mithin die Schutzlosigkeit der solcherart Verfolgten.

Selektion Von lateinisch selectio (= Auslese). Taucht die *Selektion* im Zusammenhang mit menschlichem Erbgut, ethnischen, religiösen oder anderen Zuordnungen auf, so entstammt der Begriff stets dem Wörterbuch des Rassismus.

Sonderbehandlung Die Bezeichnung *Sonderbehandlung* (für Folter und Ermordung von Regimeopfern) taucht erstmals in einem Runderlass von SS-Chef Heydrich vom 20. September 1939 auf. Wie bei anderen NS-Tarnbegriffen verstecken sich auch bei der *Sonderbehandlung* Häme und Sadismus hinter dem Vorwand, das obrigkeitlich Erwünschte sprich das vermeintlich »Richtige«, zu tun.

Sonderkommandos *Sondereinsätze* oder *Sonderaktionen* genannte Massentötungen oblagen ab 1941 zunehmend den *Sonderkommandos*. So wurden beispielsweise alle NS-Vernichtungslager *SS-Sonderkommandos* unterstellt. Manche jener Lager, wie etwa Treblinka, erhielten den Namen *Sonderlager*, während es sich bei sogenannten *Sonderwagen* in Wahrheit um mobile Gaskammern handelte.

unerschütterlich Je näher das Kriegsende 1945 rückte, umso *unerschütterlicher, gigantischer, ungeheurer* oder *unsterblicher* waren wahlweise »der Wille«, »die Treue zum Führer« sowie »der Glaube« von NS-Propagandaminister Goebbels »an den Endsieg«.

11. Liebhaberobjekte für Schnellentschlossene
Codierter Wohnungsmarkt

Die Beschreibungen können in der Praxis sowohl zutreffen – was die zukünftigen Mieter freuen dürfte – als auch den »Ist-Zustand« beschönigen. Im Rahmen dieses Buchs geht es naturgemäß um die zweite Variante.

aufstrebendes Viertel   Die Preise sind jetzt schon so hoch, als sei der Baulärm längst vorbei.

außergewöhnliche Architektur   … oder ästhetische Entgleisung? Das ist hier die (Geschmacks-)Frage!

wenige Autominuten von der City   Bus und Bahn: Fehlanzeige! Hier kommt man ohne Auto womöglich gar nicht hin!

denkmalgeschützt   Um- und Ausbau so gut wie ausgeschlossen.

Domizil   Einst für »Wohnsitz im Ausland« stehend, hat sich das *Domizil* auf dem Umweg über den heimischen Immobilienmarkt wieder der ursprünglichen Wortbedeutung des lateinischen *domicilium* genähert. Und die lautet: Wohnstätte.

Einkaufsmöglichkeiten vor der Tür   … und außerdem zahllose Kunden – mit und ohne Auto.

Fernblick   Ohne die Information, was denn der *Fernblick* so alles bietet, ist die Aussage nicht allzu viel wert. Auch aus der Ferne betrachtet bleiben Hässlichkeiten hässlich.

hoher Freizeitwert   An den Wochenenden und während der Ferienzeit geht es hier rund!

mit Garten   Ohne Adjektive wie »schön« oder »gepflegt« verheißt die Offerte einstweilen vor allem: Gartenarbeit.

großzügige Räume   … die sich im Winter nur mit hohem Heizkostenaufwand warm halten lassen!

gut erhalten   … sollte aber gelegentlich mal renoviert werden.

halb freistehend   Klingt zweideutig, meint aber meist eindeutig: Doppelhaushälfte.

idyllische Hanglage   … mit unidyllischer Hangnässe bei Regen.

individuelle Bauweise   Da ist alles drin: von »gewöhnungsbedürftig« bis »renovierungsbedürftig«.

lebhafte Umgebung   … wie auch »jugendliches Ambiente« deuten auf nächtliches Treiben mit lebhaften Fahrgeräuschen hin.

Liebhaberobjekt   Wer gerne renoviert und obendrein eine Lebensaufgabe sucht: Hier findet er sie.

Nähe Ohne das Begleitwort »unmittelbare« legt »Nähe« die gegenteilige Vermutung nahe.

Naturgrundstück Hier müsste man viel Zeit und Geld investieren, bevor ein Garten daraus wird!

Notverkauf Wer etwas aus einer »Notsituation« heraus verkauft, hängt das meist nicht so gerne an die große Glocke.

offener Wohnstil Hier gibt es so gut wie keine Zwischenwände.

perfekte Wohnung Lässt keine Wünsche offen – solange man hier nichts verändern will. Das darf man nämlich meistens nicht.

in ruhiger Lage Das Miet- oder Kaufobjekt liegt möglicherweise abseits jeder öffentlichen Verkehrsanbindung.

Ruhezone »Raus aus der City – rein in die Ruhezone« – dahin, wo Fuchs und Hase einander »Gute Nacht« sagen!

Schallschutz nach DIN … und die Wände sind sogar verputzt!

für Schnellentschlossene Sie sollten nicht so lange nachdenken wie jene Interessenten, die sich vor Ihnen *gegen* das Objekt entschieden haben!

seriöses Umfeld Wochentags: Büroviertel – nachts und an den Wochenenden: wie ausgestorben!

sonnig   … oder südseitige Grill-Lage? Hier wäre unter Umständen Probewohnen im Sommer angesagt.

stilvoll   Dass die Raumhöhe *stillvoller* Wohnungen nicht selten erst bei 3,50 Metern anfängt, muss außerhalb der Heizsaison niemanden stören.

unberührte Natur   Kann heißen: keine Infrastruktur, schlechte Verkehrsanbindung, Wiederverkauf schwierig bis unmöglich.

unverbaut   … klingt gut – unverbaubar wäre besser!

Wohnanlage mit Zukunft   … denn die Gegenwart präsentiert sich einstweilen als Großbaustelle mit dürftiger Infrastruktur.

12. Der alte Bock und der Ehrenlauf
Die Sprache des Waidmanns

abdecken … heißt
– allgemein: etwas Bedeckendes entfernen (zum Beispiel eine Tischdecke);
– in der Veterinär-Amtssprache: einen Tierkadaver beseitigen;
– in der Waidmannssprache: einem erschossenen Schalenwild (= Hirsch, Reh, Gams oder Steinbock) die Haut abziehen.

abfangen … steht laut Waidmannssprache
1. für das Töten von Schalenwild (= Hirsch, Reh, Gams oder Steinbock) mit der blanken Waffe;
2. für das »Vermindern« des »Raubwild«- und »Raubzeugbesatzes« mithilfe von Fallen.

abnicken Während das Abnicken von Vorstands- oder Fraktionsentscheidungen kaum je mit Gefahren für Leib und Leben verbunden ist, besitzt derselbe Begriff in der Waidmannssprache existenzielle Relevanz. Als eines der Synonyme für töten bedeutet *abnicken* hier: ein Wildtier durch einen Stich ins Genick töten.

abschlagen Auch das Töten eines Hasen oder Kaninchens durch einen Schlag hinter die Löffel wird hier und da durch unverfängliches Alltagsdeutsch geschönt.

alt Ein Wildtier, dem dieses Attribut zuerkannt wird, ist waidmannssprachlich zum Abschuss freigegeben.

belegen Wer eine Hündin *belegt*, lässt sie zu Zuchtzwecken begatten.

auf die Decke ... legt der Jäger das Wild, indem er es *erlegt*.

Dublette Von lateinisch duplus (= doppelt). Gemeint ist das Töten zweier Wildtiere durch zwei unmittelbar aufeinander folgende Schüsse aus demselben Gewehr.

Eisen Sammelbezeichnung für metallene Tierfallen.

erlegen Eine jener waidmannssprachlichen Umschreibungen für das Töten, die sich auch in der Umgangssprache etabliert haben.

den Fang ... gibt ein Jäger einem kranken oder angeschossenen Wildtier, indem er es aus kurzer Distanz tötet.

flügeln ... bedeutet: den Flügel eines Wildvogels durch einen Schuss verletzen.

gerecht ... ist, was den »Waidwerks«-Regeln entspricht.

Hege ... beinhaltet laut »Waidmannssprache von A–Z« »alle Maßnahmen, die zur Erhaltung eines (...) gesunden Wildbestandes getroffen werden«, darunter die meisten der hier auszugsweise aufgelisteten *Maßnahmen*.

himmeln Die ursprünglich mittelhochdeutsche Bedeutung (= in den Himmel kommen) gilt beim *Himmeln* im wörtlichen wie im übertragenen Sinn. Gemeint ist die reflexhaft himmelwärts gerichtete Flugbewegung eines vom Schuss getroffenen Wildvogels.

Hirschfänger Großes Jagdmesser zum Abfangen von Hochwild.

klappern ... nennt der Jäger jenes Geräusch, das ein angeschossener Keiler mit seinen Hauern verursacht.

radschlagen ... bezeichnet in der Waidmannssprache das typische Überschlagen flüchtender Hasen, Füchse oder Kaninchen, nachdem diese vom Schuss tödlich getroffen wurden.

Saufeder Spießartige zweischneidige Klinge zum Töten von Wildschweinen.

Schweiß Hat ein Jäger ein Stück Hochwild lediglich angeschweißt (= durch Schuss verletzt), so lässt er den Schweißhund entlang der Schweißfährte (= ausrinnendes Blut) spüren, um das Wild abschließend abzufangen.

versorgen Wo man Unappetitliches beschönigt, geht es mitunter auch der deutschen Sprache an den Kragen. So steht hier das Wort *versorgen* nicht etwa in der üblichen Bedeutung (= jemandem das geben, was er braucht), sondern für das Ausweiden und den anschließenden Heimtransport der Jagdbeute.

verwittern Das *waidmannssprachliche Verwittern* zielt darauf, eine Tierfalle von menschlicher Witterung freizumachen.

Waidblatt Wie *Hirschfänger* und *Saufeder* ist das *Waidblatt* ein Spezialmesser, mit dem Wildtiere *abgefangen* und *zerwirkt* (= zerlegt) werden können.

13. Chirurgische Schnitte und weiche Ziele
Militärische Nebelwerfer

ABC-Waffen   Was ähnlich harmlos klingen soll wie »ABC-Schütze«, ist das Kürzel für atomare, biologische (= krankheits- bzw. seuchenerregende) und chemische (= psychotoxische, lungen-, haut- oder nervenschädigende) Kampfstoffe.

abgereichert   Als *abgereichertes* Uran bezeichnet man in der Kernkraft-Terminologie Abfallprodukte aus der Brennelementeherstellung. Dass *abgereichert* keineswegs »frei von Radioaktivität« bedeutet, hindert die US-Armee nicht daran, »abgereichertes Uran« wegen dessen physikalischer Dichte zur Ummantelung sogenannter konventioneller Geschosse zu verwenden.

chirurgische Schnitte   Militär-Euphemismus für gezielten Objektbeschuss. Durch Anlehnung an die Chirurgensprache wird der Eindruck erweckt, hier werde nur »Krankes« (zum Beispiel: feindliche Munitionsdepots) »herausgeschnitten« und »Gesundes« (sprich: die Zivilbevölkerung) verschont. Die Blendvokabel gilt seit dem Irak-Krieg 1991 als überführt und hat weitgehend wieder in die OP-Säle zurückgefunden.

Embedded Journalists   ... auch »embeds« genannt, sind in Militärverbände »eingebettete« Kriegsberichterstatter. Kritik an dieser, seit dem Irak-Krieg 2003 institutionalisierten Praxis kommt vor allem aus den Reihen der Journalisten selbst. So werde das Privileg »hautnaher Berichterstattung« durch die Preisgabe des journalistischen Wahrheitsanspruchs erkauft und allzu oft auch durch Preisgabe des eigenen Lebens: So starben 2003 im Irak 16 (von rund 600) *Embedded Journalists*, das sind etwa 2,6 Prozent. Zum Vergleich: Der Anteil getöteter alliierter Soldaten betrug im selben Zeitraum 0,06 Prozent.

Erstschlag   »First-strike capability is an important strategic concept« – die Fähigkeit zum Erstschlag ist ein wichtiges strategisches Konzept, so der damalige US-Verteidigungsminister Robert McNamara 1967 in San Francisco: »Die USA dürfen und werden es sich nicht leisten, je in eine Lage zu geraten, in der eine andere Nation oder ein Staatenbund gegen sie die Fähigkeit zum Erstschlag besitzt.« Im Klartext geht es beim *Erstschlag* um nichts weniger als um einen atomaren Angriff, der die Verteidigungsfähigkeit des angegriffenen Landes auf Anhieb außer Kraft setzt. Im Januar 2008 machten fünf Ex-Oberbefehlshaber aus Deutschland, den USA, Frankreich, Großbritannien und den Niederlanden deutlich, dass die »Option für einen nuklearen Erstschlag« ein »unverzichtbares Instrument« in einer »immer brutaleren Welt« bleibe. (»The Guardian«, 22.1.2008)

Exekution   In den meisten Ländern, die die Todesstrafe nach wie vor *exekutieren*, steht die *Exekution* (deutsch: die Ausführung, von lateinisch exequi) für Hinrichtung. *Exekutiert* oder *standrechtlich erschossen* wurde bis 1945 bekanntlich auch beim deutschen Militär. In der »Pickelhauben«-Epoche dagegen pflegte man Gefangene oder von Militärgerichten verurteilte Soldaten zu *füsilieren* (von französisch fusil = Gewehr). Während die Begriffe *Exekution* oder *exekutieren* in der deutschen Strafprozessordnung nicht mehr vorkommen, werden im Nachbarland Österreich Pfändungen nach wie *exekutiert*.

fallen »Er ist gefallen«, sagt man in Deutschland, wenn jemand als Soldat im Krieg getötet wurde. In Frankreich dagegen heißt décéder, mourir oder périr auch in Kriegszeiten das, wofür es steht: sterben.

auf dem Feld der Ehre ... starben von 1914 bis 1918 rund 2 Millionen deutsche Soldaten, nachdem sie zuvor »den Grauen Rock angezogen« hatten und singend »ins Feld gezogen« waren.

friedenserhaltende Maßnahmen *Friedensmissionen, friedenserhaltende Maßnahmen* und *friedensschaffende Maßnahmen* stehen jeweils synonym für Militäreinsätze zur Befriedung von Krisengebieten.

Friendly Fire »Stonewall Jackson struck by friendly fire«, lautete die Meldung, als Südstaaten-General Thomas J. Jackson während des amerikanischen Bürgerkriegs im Mai 1863 von Soldaten des eigenen Verbandes versehentlich tödlich angeschossen wurde. Seitdem steht der »freundliche Beschuss« im US-amerikanischen Militärjargon für den irrtümlichen Beschuss (einschließlich eventueller Tötung) von Soldaten durch Kameraden des eigenen Verbandes. Entscheidend dabei sind die Begriffe »irrtümlich« beziehungsweise »versehentlich«. Wer nämlich einen Vorgesetzten absichtlich tötet, macht sich des sogenannten *Fraggings* schuldig. Sowohl *Friendly Fire* als auch *Frag* sind Spiele-Freaks auch aus »Militainment«-Computerspielen geläufig. Dort steht *Frag* für den (virtuellen) Tod des Gegenspielers, während man durch den

Einsatz von *Friendly Fire, Teamkill* oder *Teamattack* bei Bedarf auch die eigenen Kräfte erledigen kann.

die Front verkürzt ... wurde laut »Wehrmachtsbericht« gegen Ende des Zweiten Weltkriegs zunehmend dann, wenn die deutschen Streitkräfte vor dem Druck des immer überlegeneren Gegners zurückwichen.

intelligente Waffen Mit dem Begriff »Intelligent Weapons« *(intelligente Waffen)* versuchte das Pentagon im Golfkrieg 1991 den Eindruck zu erzeugen, die hochtechnisierte Kriegsführung der Alliierten sei ausschließlich auf militärische Ziele gerichtet und lasse die irakische Zivilbevölkerung ungeschoren. Seit Bekanntwerden der tatsächlichen Wirkung stehen die internationalen Medien Verharmlosungsversuchen dieser Art skeptisch gegenüber.

Koalition der Willigen Als *Coalition of the Willing* bezeichnete der damalige US-amerikanische Präsident George W. Bush jene Nationen, die sich 2003 dem völkerrechtlich nicht gerechtfertigten Krieg gegen den Irak anschlossen. Der Begriff wurde im Deutschen meist mit »Koalition der Willigen« wiedergegeben. Dabei lässt sich »Willing« ebenso gut mit »Willfährigen« übersetzen.

Kollateralschäden ... sind wörtlich übersetzt *Nebenbeischäden*. Im Klartext handelt es sich bei *Kollateralschäden* um die bei einem militärischen Angriff in Kauf genommene Zerstörung nicht militärischer Einrichtungen und deren Bewohner.

Landserjargon Das Leben von Soldaten unterscheidet sich vor allem in Kriegszeiten deutlich von dem der militärischen Strategen und politischen Entscheidungsträger. Gehorsamsgebunden an strikte Ordnungs- und Befehlsstrukturen lebt der Soldat infolge des immanenten Todesrisikos in einem andauernden seelischen Ausnahmezustand. Die einzige erlaubte Möglichkeit, Ängste und aggressive Triebspannungen jederzeit »herauszulassen«, ist jener spezifische Jargon, der durch eine Mischung von Derbheit und Galgenhumor gekennzeichnet ist. So sind soldatische »Euphemismen« natürlich vollkommen anders zu bewerten als die militärischen »Nebelwerfer« ihrer höchsten Vorgesetzten. Geht es im ersten Fall um die Erträglichkeit des Daseins, zielen die Euphemismen der Höherrangigen klar auf Verschleierung. Trotzdem stehen beide im selben Kontext, ähnlich wie Kopf und Zahl zur selben Münze gehören. Da es müßig wäre, hier eine Auswahl der durch alle Epochen sich wandelnden Militärjargons geben zu wollen (Beispiele: *Pappkamerad, Gefrierfleischorden, Ringelpietz, Feuertaufe, vollrotzen*), beschränkt sich dieser Eintrag auf jene Begriffe, die für das soldatische Sterben stehen – wenn es also einen Kameraden *erwischt hat*, wenn jemand *hops gegangen* ist oder wenn er *den Löffel abgegeben*, denselben *fallengelassen* beziehungsweise *weggeschmissen* hat – nicht selten während eines *Himmelfahrtskommandos* (englisch. one way ticket), oder wenn er als …

Kanonenfutter   … »verheizt« wurde. »Food for powder, food for powder … mortal men, mortal men« – Pulverfutter, Pulverfutter … sterbliche Männer, sterbliche Männer, lässt William Shakespeare im Drama *Heinrich IV.* seinen Lieblings-Recken John Falstaff rufen. Shakespeares Vision zum Trotz etablierte sich das *Kanonenfutter* erst im 19. Jahrhundert als beschönigender Ausdruck für Soldaten, die im Krieg sinnlos geopfert werden. Wer ein derartiges Schicksal vor Augen hatte, dem blieb allenfalls die Möglichkeit, seine Furcht mit *Zielwasser* zu betäuben.

Little Boy & Fat Man *Kleiner Junge* und *Fettwanst* nannten die US-Militärs jene zwei Atombomben, die am 6. und 9. August 1945 über den japanischen Städten Hiroshima und Nagasaki abgeworfen wurden und Hunderttausende Menschenleben forderten. Aktuelle Verblümungen nicht-nuklearer Megasprengkörper lauten: *Daisy Cutter* = *Gänseblümchenabschneider*, *Tallboy* = *schlanker Knabe* oder *Grand Slam*.

Militainment Rund 3,5 Milliarden Dollar investierte das US-amerikanische Verteidigungsministerium im Jahr 2007 in die Entwicklung von Computersimulationen. Von Panzergefechten über Lufteinsätze oder Häuserkämpfe bis hin zu strategischen Planungen oder medizinischen Einsätzen reicht die Palette jener von ihren Entwicklern *Serious Games* genannten Software. Längst sind die Grenzen zwischen ausbildungstauglichen Simulationen und marktgängigen Computerspielen (»Marine Doom«, »Full Spectrum Warrior«) im Fluss. Obwohl die Entwickler jener »Spiele«-Software jeglichen realen Handlungsbezug leugnen, bildet eben dieser Aspekt sowohl den Investitionsanreiz für das Pentagon als auch den Kaufanreiz für Spiele-Freaks. *Militainment* nennen Journalisten deshalb jene zunehmende Tendenz, militärischen (= military) Nutzen mit Unterhaltungselementen (= Entertainment) zu verbinden – sei es durch militärfreundliche Dokumentationen oder Spielfilme, durch manipulierte Medienberichterstattung oder eben durch virtuelle Kriegsspiele. Dabei ist die dahinterstehende Idee keineswegs neu. Schon im 18. Jahrhundert lieferte etwa eine boomende Zinnsoldaten-Industrie die »Hardware« für militärische *Sandkastenspiele*, egal ob in zugigen

Befehlsständen oder am heimischen Ofen. Verherrlichende *Kriegserinnerungen*, heroisierende *Schlachten-Gemälde* oder militärisches Spielgerät waren schon in früheren Epochen dazu angetan, den Gedanken an Tod und Leid im allgemeinen Bewusstsein verblassen zu lassen und stattdessen den Krieg ebendort als gleichsam prickelndes »Event« zu verankern.

Molotowcocktail, Molly Zu den unzähligen, zwischen 1939 und 1945 entstandenen soldatisch-militärischen Euphemismen zählt auch der *Molotowcocktail*. Während sowjetische Flugzeuge im sogenannten »Winterkrieg« (November 1939 bis März 1940) finnische Stellungen bombardierten, verkündete Stalins Außenminister Wjatscheslaw Molotow vor Presse und Rundfunk, dass seine Bomber lediglich »Nahrungsmittel für die hungernde Bevölkerung« enthielten. Als Antwort auf die von den Finnen fortan *Molotows Brotkörbe* genannten Angriffe bastelten die Angegriffenen eine runde halbe Million Brandsätze, die sie Molotowcocktails nannten. Der Versuch, mit den benzingefüllten Flaschen den Panzerangriff der Sowjets zu stoppen, endete indes mit der alsbaldigen finnischen Niederlage.

Mother Of All Bombs Sozusagen als verspätete Antwort von George Bush (Sohn) auf Saddam Husseins gegen George Bush (Vater) propagierte »Mutter aller Schlachten« präsentierte das US-Militär im Vorfeld des Irak-Kriegs 2003 die »Mutter aller Bomben« (*Mother Of All Bombs*, kurz: MOAB). Hinter dem Euphemismus verbirgt sich der bis dato gewaltigste nichtnukleare Sprengkörper aller Zeiten.

Operation Wüstensturm *Operation Desert Storm – Operation Wüstensturm* beziehungsweise *Operation Desert Shield –*

Operation Wüstenschild nannte das Pentagon jene »insgesamt defensive« (Zitat US-Präsident G. Bush) *Militäraktion* zur Befreiung Kuwaits, die am 17. Januar 1991 mit einer Welle von 1300 Angriffsflügen auf irakische Ziele begann. Das Neue an dieser *Operation* war nicht die eingeschränkte Medienfreiheit, waren nicht manipulierte *Briefings*, Computersimulationen oder die Pressezensur durch US-Militärs. Das wirklich Neue war, dass der Großteil der fernsehjournalistischen Berichterstattung die Manipulationen ungefiltert übernahm und so das von den alliierten Militärs gewünschte Bild vom *sauberen Krieg* in die Weltöffentlichkeit transportierte.

Präventivkriege ... oder wahlweise *Präventivschläge* (von lateinisch praevenire = zuvorkommen, verhüten) haben eine lange Tradition. So suchte etwa Preußenkönig Friedrich der Große 1756 durch den Einmarsch in Kursachsen der vermuteten Absicht einer Drei-Staaten-Allianz zuvorzukommen, ihm das zuvor eroberte Schlesien wieder abzuknöpfen. Am Ende des dadurch ausgelösten Siebenjährigen Krieges hatte Friedrich den »status quo ante bellum« (deutsch: Zustand wie vor dem Krieg) behauptet. Seither wird die Notwendigkeit eines *Präventivschlags* immer wieder ins Feld geführt, wenn es gilt, einen Angriffskrieg zu rechtfertigen. In manchen Fällen ist eine solche Begründung historisch haltbar. In anderen Fällen gilt sie als umstritten. Als prominentes Beispiel für einen »Präventivschlag« ohne akute Bedrohung wird der *Preemptive Strike* 2003 der US-Armee gegen den Irak in die Geschichte eingehen.

Präzisionsschlag »The first casualty when war comes is truth« – das erste, was im Krieg auf der Strecke bleibt, ist die Wahrheit, besagt ein berühmtes, US-Senator Hiram W. Johnson

(1866–1945) zugeschriebenes Zitat. Obwohl sich das wahre Ausmaß an Kriegsopfern und Verwüstungen meist erst mit einigem historischem Abstand herausstellt, ist den kriegführenden Parteien stets aufs Neue daran gelegen, die Zahl der Zivilopfer herunterzuspielen und die eigene Kriegsführung als »sauber« und die damit verbundenen *Präzisionsschläge* ausschließlich auf militärische Ziele gerichtet darzustellen.

sauberer Krieg Einen Einblick in die »Sauberkeit« einer zunehmend technisierten Kriegführung (Stichwort: *Hightech-Krieg*) liefern zwei Vergleichszahlen:

Lag der Anteil der getöteten Zivilisten an der Gesamtopferzahl im Ersten Weltkrieg (1914–1918) bei rund 10 Prozent, so weisen die Hochrechnungen der Weltgesundheitsorganisation in Genf (WHO) für den 3. Irak-Krieg (Zeitraum: März 2003 – Juni 2006) zwischen 104.000 und 223.000 getötete Zivilisten aus, bei rund 4000 bis 6000 im selben Zeitraum getöteten Soldaten (= Zivilopferanteil über 90 Prozent).

Schutzmacht Man unterscheidet *Schutzmächte* nach diplomatischen oder völkerrechtlichen Kriterien. So hat etwa die neutrale Schweiz in ihrer Geschichte insgesamt rund 35 Staaten diplomatisch vertreten – darunter auch Krieg führende Großmächte. Auf völkerrechtlicher Ebene treten *Schutzmächte* (wie zum Beispiel UNO-Schutztruppen) an, um die Einhaltung von Abkommen zu sichern. Keine *Schutzmächte* waren dagegen jene Staaten, die sich in der Geschichte immer mal wieder als solche bezeichneten, obwohl sie in Wahrheit Kolonialmächte waren, darunter auch Deutschland. So galten die von 1884 bis 1918 unter deutscher Kolonialverwaltung stehenden Gebiete im Pazifik, in Afrika und in China offiziell als *Schutzgebiete*.

Schutzschirm   Hier liegt der Euphemismus in der ungenauen deutschen Übersetzung. Der zugrunde liegende US-amerikanische Begriff lautet »Missile Defense System« (= Raketenabwehrsystem). Gemeint ist jenes System von Abschussbasen zum Abfeuern von Abfangraketen, das die USA ab 2011 in Osteuropa (Polen, Tschechische Republik, Kaukasus) zu etablieren beabsichtigt, um einem eventuellen nuklearen Raketenangriff sogenannter »Rogue States« (= Schurkenstaaten) auf US-amerikanische Militärstützpunkte in Europa begegnen zu können. Kritiker bezweifeln die hundertprozentige Wirksamkeit eines solchen »Schirms« und weisen darauf hin, dass das 100 Milliarden Dollar teure System nie unter Ernstfallbedingungen getestet wurde. Dessen ungeachtet mochte der damalige russische Präsident Putin in dem amerikanischen Vorhaben keinen *Schutzschirm* erkennen, sondern eine »Provokation«. Diese nahm er dann auch im April 2007 zum Anlass, um einen einseitigen Abrüstungsstopp zu erklären.

Stalinorgel   Einer der vielen, von Angst und Galgenhumor gezeugten Weltkriegs-Euphemismen. Gemeint waren jene mobilen Mehrfach-Raketensysteme namens »Katjuscha«, die die Sowjets erstmals im Juli 1941 gegen die vorrückenden deutschen Truppen einsetzten.

Verteidigungsministerium   Das Verteidigungsministerium ersetzte mit Einführung der Bundeswehr am 5. Mai 1955 die als überkommen angesehenen Bezeichnungen »Kriegs-«, »Marine-« oder »Heeresministerium«. Seit die Grundstruktur der Bundeswehr den veränderten sicherheitspolitischen »Rahmenbedingungen« angepasst wurde und diese damit den Status einer territorialen Verteidigungsarmee einbüßte, ist der Begriff *Verteidigungsminister(ium)* euphemistisch-unscharf.

vorbeugende Maßnahmen … können Schutzimpfungen sein, Schadstoffreduktionen oder der Verzicht auf gesundheitsschädigende Gewohnheiten. In der militärischen Kriegsterminologie stehen Begriffe wie *vorbeugende Maßnahmen* oder *gezielte Vereitelung* stets für Militärschläge.

Vorwärtsverteidigung Ähnlich wie der *Präventivschlag* bezeichnet *Vorwärtsverteidigung* einen Militärschlag, mit dem einem erwarteten oder vermeintlichen gegnerischen Angriff begegnet wird.

weiche Ziele Unter den Zielen für einen Waffeneinsatz unterscheidet der militärische Sprachgebrauch zwischen See-, Luft- oder Bodenzielen. Eine weitere Unterscheidung gilt dem jeweils »aufzubrechenden« Schutzmantel solcher Ziele. So gelten etwa gepanzerte Waffen oder stahlbetonbewehrte Bunker als »harte Ziele«, während mit »weichen Zielen« ungepanzerte Militärfahrzeuge gemeint sind – sowie deren Insassen.

14. Anpassung beginnt mit Anpassung
Woran wir uns längst gewöhnt haben

ältestes Gewerbe der Welt Neben dem *horizontalen Gewerbe* ist das *älteste Gewerbe der Welt* die zweithäufigste gängige Schönschreibung für Prostitution. Beide Begriffe verbindet, dass sie gleichermaßen klischeehaft wie unzutreffend sind. Und – wie es scheint – unausrottbar.

angejahrt ... steht ebenso wie angegraut, bejahrt oder betagt für »alt« beziehungsweise »älter«. Wäre man bei der Behandlung älterer und alter Menschen ähnlich feinfühlig, erübrigten sich Euphemismen wie *Jungsenioren*.

Anpassung Einer der anpassungsfähigsten Euphemismen: Geht es zum Beispiel um das Budget des Normalbürgers, so steht Anpassung (an *Sachzwänge*, das Kostenniveau oder die veränderten Rahmenbedingungen) für Erhöhung (von Benzinpreisen, Beiträgen oder Abgaben). Geht es dagegen um staatliche Leistungen oder um Arbeitsplätze, so meint *Anpassung* in aller Regel Verringerung.

Wer Arbeit will, findet sie auch Beschönigt einen gesellschaftlichen Missstand, indem das Problem individualisiert wird. Meist von denen gebraucht, die ihr Auskommen haben. Für 10 Cent in der Stunde findet vermutlich in der Tat jeder genug Arbeit.

Tag der Arbeit   Entsprechend dem britischen »Labour Day« wird auch im deutschsprachigen Raum der 1. Mai als *»Tag der Arbeit«* begangen, obwohl bei uns an diesem Tag, anders als in Großbritannien, die meisten weder arbeiten noch vermutlich an Arbeit denken.

ausgewogen   Was auch immer dem einen oder der anderen zum Glück fehlen mag: An mangelnder *Ausgewogenheit* kann es kaum liegen. Von der *ausgewogenen* Ernährung oder den *ausgewogenen* Steuergesetzen über die *ausgewogene* Berichterstattung und den *ausgewogenen* Hormonhaushalt bis zu den *ausgewogenen* Fernsehprogrammen samt *ausgewogenen* Diskussionsrunden ist hierzulande wirklich alles und jede(r) um Balance bemüht. So erstaunt es denn auch nicht, dass der Begriff *ausgewogen* im medialen Sprachgebrauch am häufigsten von den Begriffen *sozial* und *fair* gesäumt wird. Halleluja!

Avantgarde   Da es das Schicksal jeder *Avantgarde* war, irgendwann als Nachhut hinterherzukleckern, erfand man die *Trendsetter*. Deren Namen halten sich dank unlöschbarem Mediengedächtnis wie Dauerwurst. Motto: einmal Setter – immer Setter.

Baumschutz, Naturschutz, Umweltschutz, Klimaschutz   … sind durch Verordnungen, Gesetze und Abkommen geregelt, solange sie nicht Orkanen, Überschwemmungen, Ozonkonzentrationen, Wirtschaftskrisen oder *Sachzwängen* zum Opfer fallen. Vor allem Letzteren.

Bedarf   … ist überall da gegeben, wo es sich nicht in Wahrheit um Bedürfnisse, Verlangen oder den Wunsch nach dem neuesten Handy handelt.

behandeln Man kann es fast schon generell sagen: Je mehr Anwendungsmöglichkeiten ein Begriff zulässt, umso verlässlicher befindet sich darunter mindestens eine beschönigende. So auch beim Verb *behandeln*, mit dem man bekanntlich nicht nur Werkstoffen, Maschinen oder Problemen beikommt sondern auch Menschen – egal, ob jene dabei gut, schlecht, stiefmütterlich, ärztlich, erkennungsdienstlich, ambulant oder gar nicht *behandelt* werden. Bleibt noch die Verwendung als Umschreibung für »misshandeln«, bei der es dann schon nicht mehr darauf ankommt, ob sich jemand freiwillig *behandeln* lässt (Stichwort: *Domina-Studio*) oder ob ihm etwa die *Behandlung* in Form von *Verhörmethoden* (= Folter) zuteil wird.

beiderseitiges Einvernehmen Bei Österreichern oder Schweizern mag der Begriff ein Fragezeichen erzeugen, steht doch die »Einvernahme« beziehungsweise »einvernehmen« in beiden Ländern für »Verhör«, welches bekanntlich alles andere als »beiderseitig« ist. Dabei ist das *beiderseitige Einvernehmen* auch in Deutschland nicht frei von Widersprüchlichkeit. Kommt es doch nicht selten dort zustande, wo kurz zuvor das Gegenteil von *Einvernehmen* herrschte – zum Beispiel am Arbeitsplatz oder vor Gericht. Womit man schließlich wieder bei den Österreichern und Schweizern wäre.

beisetzen Wer *beisetzen* oder *bestatten* sagt statt »beerdigen« oder »begraben«, der vermeidet die Vorstellung, dass die *sterblichen Überreste* (= Leichnam) in die Erde hinabgelassen werden. Wer sollte solche Euphemismen bekritteln? Hier stehen sie nur der Vollständigkeit halber.

Callboy, Callgirl Lange bevor Pizzadienste und Callcenter sich den englischen Begriff »to call« für anrufen oder vorbeikommen zu eigen machten, hatten Prostituierte (w/m) mit telefonischer Kontaktanbahnung ihre Tätigkeit bereits anglizistisch verblendet.

decken lassen Nichts ist an dieser Beschönigung schön, weder das *decken* noch das *lassen*. Da es Tierzüchtern und Jägern aber vermutlich darum geht, den altbekannten Vorgang wenigstens sprachlich unter der Decke zu halten, wird es wohl dabei bleiben. Es sei denn, jemand erfände dafür einen hübscheren Begriff. »Müpseln« zum Beispiel.

Das Land der Dichter und Denker ... ist und bleibt ohne jeden Zweifel Deutschland. Zwar ist laut einer EU-Studie der Anteil der Dichter und anderer Kulturschaffender an der Gesamtbevölkerung in Island, den Niederlanden, Schweden, Dänemark oder Finnland deutlich höher als in Deutschland – zwar verweisen PISA-Studien Deutschland eher auf einen Mittelplatz – zwar kehren deutsche Wissenschaftler ihrem Vaterland allzu oft den Rücken, aber dennoch: Der Mythos lebt! Besonders in der Geschichte!

Domina-Studio »Studio« verheißt Styling, modische Kreativität und sauberes Ambiente. Vor allem Letzteres. Was könnte also an einem *Domina-Studio* schon irritierend, verstörend, beklemmend oder gar unappetitlich sein, zumal dort allenfalls von BDSM, Bondage, Fetish, B&D, D&S, Zofen oder Klinik-Erotik die Rede ist. Alles »klinisch rein« sozusagen.

effizient, Effizienz Nimmt man *Effizienz* (von lateinisch efficere = bewirken, zustande bringen) als Verhältnis von Aufwand und Nutzen, so erscheinen Begriffskombinationen wie »effizientes Arbeiten« plausibel. Weniger plausibel als vielmehr beschönigend sind dagegen Wendungen wie »effiziente Einsparungen im Personalkostenbereich« oder »zunehmend effiziente Angriffe«.

einschläfern   Die Vorstellung eines ewigen Schlafs nimmt dem Töten oder Tötenlassen eines Haustiers das Endgültige beziehungsweise Schuldhafte. Wo man das unabänderbare Leid eines Tieres durch das *Einschläfern* verkürzt, mag der Euphemismus immerhin trösten.

Etablissements   … haben in Deutschland nur dem Wortursprung nach etwas mit »etablieren« oder »Establishment« zu tun, auch wenn männlichen Angehörigen des Letzteren gelegentlich nachgesagt wird, sich in *Etablissements* zu vergnügen. Abgeleitet vom Verb établir steht »établissement« in Frankreich je nachdem für die »Niederlassung einer Firma« oder die »Errichtung eines Gebäudes« – in Deutschlands Medien meist für eine Bar oder ein Bordell.

Exponat   Von lateinisch exponere (=ausstellen) abgeleitet, bedeutet *Exponat* nichts anderes als Ausstellungsstück. Es klingt nur teurer.

fußgängerfreundlich, fahrradfreundlich   Städte, die sich selbst als *fußgängerfreundlich* oder *fahrradfreundlich* bezeichnen, verfügen meist über schmucke Fußgängerzonen, funktionierende Fußgängerampeln, ein ausgebautes Fahrradwegenetz, Ozon- und Feinstaubbelastung, CO_2-Emissionen, Verkehrslärm sowie jede Menge Fußgänger, Fahrrad- und Autofahrer, die einander mächtig auf die Nerven gehen.

Freitod   Dieser Euphemismus verdeckt, dass eine Selbsttötung – ungeachtet der jeweiligen Motive – eine gegen sich selbst gerichtete aggressive Handlung ist. Ähnlich euphemistisch ist die Wendung *aus dem Leben scheiden* oder *gemeinsam aus dem Leben gehen*. Anders verhält es sich mit dem *Doppelselbstmord* (siehe letztes Kapitel).

Fundamentalismus   Während das Adjektiv »fundamental« (=grundlegend) sich eng an den lateinischen Ursprung (fundamentum) anlehnt, hat sich der *Fundamentalismus* sozusagen fundamental davon entfernt. Von seinen Verfechtern als »kompromisslose« geistige, religiöse oder politische »Haltung« verstanden, klammert der Begriff *Fundamentalismus* den damit oft einhergehenden aggressiven Ausschließlichkeitsanspruch aus.

von uns gegangen   »›Opa ist von uns gegangen‹, hatte Xaver gesagt, aber das stimmte gar nicht. Er lag da, schon seit vielen Stunden…« In einem Kinderbuch von Amelie Fried erlebt der kindliche Held die Diskrepanz zwischen dem Tod eines nahen Menschen und dem Versuch der Erwachsenen, Trauer durch beschönigende Umschreibungen (Opa *ist im Himmel*) abzuwehren.

grün   … stand in Deutschland bis in die 1970er Jahre je nachdem für Schlick, Frösche, Wiesen, Wälder, Mambas, Krokodile, Grashüpfer, Galle oder Schimmel. Heute steht *grün* vor allem für die von Bündnis 90/Die Grünen vertretene Politik und die entsprechenden Themen. Respekt!

Gutachten   Seit der Einführung des »Gegengutachtens« umweht das *Gutachten* ein Hauch von Euphemismus.

Herz Dass man in Deutschland alles mögliche »auf Herz und Nieren prüft«, erstaunt ebenso wenig wie die Tatsache, dass besagte Wendung auf Platz 1 der medialen Lieblingsredewendungen mit *Herz* liegt. Dass die *Weltstadt mit Herz* dagegen inzwischen weit abgeschlagen rangiert, und dass die *Bank mit Herz und Verstand* wie auch die *Versicherung mit Herz und Verstand* gar nicht erst im Ranking auftauchen, steht indes auf einem anderen Blatt.

Humorschiene Über den Humor schreibt Sigmund Freud, sein Vorzug bestehe unter anderem darin, dass er zu seiner »Vollendung« keiner zweiten Person bedürfe. Das ist eine Definition, die für viele gelten mag, kaum aber für jene »Humor-Produzenten«, die bevorzugt über Minderheiten, Außenseiter oder Personen des öffentlichen Lebens spotten.

gefühlte Inflation »Wie modelliert man einen Inflationsindex?«, lautet die Frage in einem wirtschaftsmathematischen Skript der TU Kaiserslautern. Obwohl hier erkennbar von mathematischen »Modellen« die Rede ist, soll die Frage dennoch kurz im Raum stehen, also: Wie modelliert man eigentlich einen *Inflationsindex*? Antwort: indem man einen sogenannten *statistischen Warenkorb* zusammenstellt, dessen einzelne »Warenposten« schon deswegen nicht miteinander vergleichbar sind, weil sich beispielsweise die Lebensmittelpreise nach anderen Maßstäben verändern als etwa die Preise von Wohnungen, Heizöl oder Kraftfahrzeugen. Wer die meist abweichende Einschätzung der Verbraucher dennoch als *gefühlte Inflation* bezeichnet, hält sicher den wissenschaftlichen Beweis in Händen, dass es sich nicht in Wahrheit um einen »getürkten Index« handelt. Oder?

Global Player ... sind ein Beispiel dafür, dass auch Euphemismen Konjunkturschwankungen unterliegen. Galt *Global player* lange als verharmlosender Begriff für multinationale Konzerne oder Fonds-Gesellschaften (Stichwort: *Heuschrecken*), die sich auf immer freieren Märkten wie auf einem Bolzplatz austobten, so schlitterte der Euphemismus mit dem Finanzmarkt-Crash 2008 zeitgleich in die Rezession.

Informationsgesellschaft ... oder Desinformationsgesellschaft? Das ist nicht nur dann die Frage, wenn es um Euphemismen, Schwamm- und Nebelbegriffe geht.

interaktiv Als *Interaktion* bezeichnet man in Psychologie und Soziologie das »aufeinander bezogene Handeln zweier oder mehrerer Personen«. Der Anspruch des Fernsehens, sich als *interaktives* Medium zu profilieren, strandete bislang bei *Call-in-Gewinnspielen* und der Aufforderung: *Ihre Meinung ist gefragt.*

junge Zielgruppe Ein »Augenblicks-Einfall« des damaligen RTL-Chefs Helmut Thoma schrieb Mitte der 1980er Jahre Fernsehgeschichte. Die Rede ist von Thomas Erfindung der sogenannten *jungen Zielgruppe* (14–49 Jahre). Obwohl es sich schon damals um eine Schimäre handelte – Stichworte: Wohlstandsverteilung zugunsten 50+, Alterspyramide –, hat sich die »Werberelevanz« der *jungen Zielgruppe* nicht nur europaweit etabliert, sondern beeinflusst darüber hinaus bis heute die Programmgestaltung.

kinderschutz Solange in Deutschland Tausende Kinder und Jugendliche auf der Straße leben, solange jährlich rund 20.000 Kinder und Jugendliche wegen Alkoholmissbrauchs klinisch versorgt werden müssen, solange Bildung und Ausbildung durch die soziale Herkunft mitbestimmt werden, solange sollte man *kinder-* und *jugendschutz* ehrlicherweise klein schreiben.

Kommunikationsgesellschaft Ein von Politikern, Netzbetreibern und Kommunikationstechnologen gern bemühter Terminus. Suggeriert: Dank den von uns geschaffenen Möglichkeiten kommuniziert »die Gesellschaft« mehr denn je. Eine gar zu »schöne« Umschreibung des Ist-Zustandes, wie Einsamkeitsforscher bestätigen. Was den einen in der Tat grenzenlose Möglichkeiten beschert, lässt die anderen nichtsdestoweniger sprachlos und einsam zurück. *Kommunikationsgesellschaft?* Gewiss, wenn man damit eine von mehreren Teilgesellschaften meint.

Kunstfehler ... sind ärztliche Behandlungsfehler, die mit Kunst nicht das Geringste zu tun haben.

Lebensqualität Was die Lebensqualität angeht, sind deutsche Metropolen nicht zu toppen. Als einziges Land der Erde (neben der Schweiz) brachte Deutschland in der Studie einer US-amerikanischen Beratungsgesellschaft drei Städte unter die Top Ten dieser »Weltrangliste«: Düsseldorf, Frankfurt/Main und München. Allein bei der gesundheitlichen Versorgung und bei den Umweltaspekten hinken Deutschlands Städte hinterher – trotz *Feinstaubgrenzwerten, Ozongrenzwerten* und *Gesundheitsreform*. Wer sich dabei dennoch unbehaglich fühlt, ist wirklich selber schuld.

Leihmutter Nach Leihbüchereien, Leihautos und Leih-Opas nun also auch *Leihmütter.* Obwohl *Leihmütter* in Deutschland – anders als in Belgien, den USA, Spanien, den Niederlanden und Großbritannien – verboten sind, geistert der deutsche Begriff rund

100.000-mal durchs Internet. Noch öfter trifft man auf die englische Entsprechung »Surrogate Mother«, auf Deutsch: *Ersatzmutter*. Nicht gerade schön, die Begriffe, dafür aber unbedingt beschönigend!

Die letzte Ruhe(stätte) … wird im Fall von Steinzeitmenschen oder Pharaonen durch Archäologen und Historiker in Frage gestellt (Stichworte: Grabfreilegungen, Mumien-Wanderausstellungen) – und im Falle von Normalsterblichen durch Nachfahren und befristete Grabmieten.

Medienaufsicht »Schafft die Landesmedienanstalten ab!«, forderte die »Frankfurter Allgemeine Sonntagszeitung« im Jahr 2005. Begründung: Eine wirksame Kontrolle des Privatfernsehens durch die hierfür zuständigen *Medienwächter* fände nicht statt, da diese sich vor allem »mit sich selbst beschäftigten«. Das hieße ja: Gebührensatte *Call-in-Gewinnspiele*, *Schönheits-OP-Shows*, Bestrafungs-Shows oder verkappte Dauerwerbesendungen würden von der Medienaufsicht gar nicht gesehen? Das erklärte so manches – oder doch eigentlich nicht.

Medienlandschaft Dass die Zeitläufte einen Euphemismus gelegentlich auch seiner beschönigenden Wirkung entkleiden, zeigt der Begriff *Medienlandschaft*. Entstanden Anfang der 1980er Jahre, als das Privatfernsehen in Deutschland Einzug hielt – betrieben von derselben Handvoll Konzerne, die bereits den Printmarkt unter sich aufteilten. Die frisch begrünte *Medienlandschaft* drohte so gesehen sogleich wieder zu verkarsten. Dank Auslandsbeteiligungen, einer Flut von Special-Interest-Magazinen, einem kaum überschaubaren Spektrum digitaler Radiosender und dank dem Internet mit seinen aktiven und passiven globalen Nutzungsmöglichkeiten kann man – wenn man den heimischen Zeitungsmarkt ausklammert – durchaus von »landschaftlicher Vielfalt« sprechen.

Die Mehrheit im Lande   Die Frage, ob ein Begriff beschönigend ist oder nicht, beantwortet sich in der Regel durch die Art, wie der Begriff verwendet wird. So ist etwa die Aussage »Die Mehrheit der Oktoberfest-Besucher trinkt Bier« nicht im Geringsten beschönigend. Anders verhält sich die Sache bei der »Mehrheit im Lande«. Da wir gerade in Bayern sind, bietet sich das Beispiel der CSU an, jener Partei, bei der die »Mehrheit im Lande« – ungeachtet des Ausrutschers 2008 – traditionell verortet wird. Blenden wir also zurück ins Jahr 2003, als die CSU mit 60,7 Prozent der abgegebenen Stimmen einen Erdrutschsieg einfuhr. Rechnet man indes die 42,9 Prozent Nichtwähler dazu, so bleibt festzustellen, dass selbst beim Superwahlsieg 2003 rund 65 Prozent der wahlberechtigten Bayern die CSU nicht wählten. (Vergleichswert 2008: 75 Prozent). So viel zur *Mehrheit im Lande*.

Ihre Meinung zählt   … bei manchem TV-Format genau 0,49 € pro Minute!

Menschenliebe   … heißt Philanthropie, heißt Altruismus, heißt Aufopferungsbereitschaft. Glücklich die wenigen, die dazu fähig sind – peinlich die vielen, die sich allenfalls darauf berufen.

Mitmensch   Der *Mitmensch* wird zum Euphemismus, sobald er als Schlachtenbummler, Nebenbuhler, Gaffer, Konkurrent oder Nachbar auftritt.

modern   Obwohl die Geschichte randvoll ist mit verblichener Moderne – ganz weit unten auf der Liste die anfangs »modern« und »jugendbewegt« auftretenden Nationalsozialisten –, wirkt der Appeal einer »Qualität an sich« immer wieder aufs Neue.

Mundpflege   Weniger beschönigend als verhüllend für die Pflege all dessen, was sich hinter der Mundöffnung verbirgt, sprich: der Mundhöhle, des Rachens, der Zähne, des Zahnfleischs, des Gaumens oder der Zunge.

Numerologie   … oder *Zahlenmystik* bezeichnet das jahrtausendealte Bemühen, Zahlen und deren Verknüpfungen sozusagen eine tiefere Bedeutung zuzuordnen. So steht die 1 – je nachdem – für Gott, den Willen oder die Sonne, die 5 für Sinnlichkeit oder Religion, die 8 für Gerechtigkeit oder Materialismus und so weiter. Auch wenn Numero*logen* manchmal ebenso *Wissenschaftlichkeit* für sich beanspruchen wie Astro*logen* oder Parapsycho*logen*, gilt – bis zum Beweis des Gegenteils (aller -*logie* zum Trotz) – die Logik des Faust'schen Hexen-Einmaleins:

Du mußt verstehn!
Aus Eins mach Zehn,
Und Zwei laß gehn,
Und Drei mach gleich,
So bist du reich …

Obduktion, obduzieren   Ein Verhüllungswort par excellence, besagt doch der lateinische Ursprung obducere nichts anderes als verhüllen, bedecken. Gemeint war die Verhüllung des Leichnams (durch Tücher), nachdem er geöffnet und untersucht worden war. Erst später etablierte sich die *Obduktion* als Verhüllungsbegriff für »Leichenöffnung« beziehungsweise »Leichenschau«.

punktieren   Bevor sich die Medizin des Begriffs annahm, war das *Punktieren* (von mittelhochdeutsch punctiren = Punkte setzen) eine alles in allem schmerzlose Angelegenheit. So verlängerten etwa Komponisten durch *Punktieren* den Tonwert einer Note. Kupferstich-Graveure stellten Linien oder Flächen teilweise durch *Punktieren* dar. Mit beidem hat das medizinische *Punktieren* nur gemeinsam, dass jene Stelle, an der die Hohlnadel durch die Haut fährt, eine Zeit lang als Punkt erkennbar bleibt. Der Zweck des Vorgangs (zum Beispiel das Herausreißen von Gewebeproben zum Zweck anschließender Biopsie) bleibt sprachlich ausgeklammert.

Redefreiheit   Wann käme ein Mensch mit gesunden Atem- und Verdauungsorganen und gesundem Bewegungsapparat wohl auf die Idee, von Atemfreiheit, Essfreiheit oder Gehfreiheit zu sprechen? Antwort: wenn Gürtel, Kleid oder Hose zu eng sind. Recht ähnlich verhält es sich mit der Gewissensfreiheit, der Meinungsfreiheit, der Pressefreiheit, der *Redefreiheit* und der Religionsfreiheit.

sanfte Medizin   Wer hätte nicht seine eigenen Vorstellungen von *sanfter Medizin* – angefangen beim Löffel Hustensaft, nach Eukalyptus riechender Brustsalbe oder Kamillentee? Ansonsten gilt, ungeachtet populärer Publikationen, hoffentlich das, was ein angesehener französischer Mediziner Anfang der 1990 Jahre so ausdrückte: »Medizin hat nicht sanft oder brutal zu sein, sondern wirksam.«

schieflaufen   Wo »einiges schiefgelaufen ist«, trifft in der Regel erstens keinen Verantwortlichen der Vorwurf, versagt zu haben, werden zweitens Ursachen und Details verschleiert, womit drittens der Keim für künftiges *Schieflaufen* gelegt wäre.

Selbstverwirklichung »To realize one's nature perfectly, that is what each of us is here for« – das eigene Wesen vollkommen zur Entfaltung zu bringen, dazu ist jeder von uns da. Schöner als Oscar Wilde kann man den Begriff *Selbstverwirklichung* kaum auf den Punkt bringen, der sich gleichsam als In-Vokabel seit 1968 etabliert hat. Zu irritieren vermag dabei allenfalls, dass der *Selbstverwirklichung* zumeist die Worte »Streben nach« oder »Anspruch auf« voranstehen.

Senioren Wer als Bürger im antiken Rom nicht zuvor durch Legionärsdienst oder -krankheit dahingerafft worden war, galt etwa ab dem 50. Lebensjahr als senex (alt), so man ihm schmeichelte, und als senior (Greis), so man ehrlich zu ihm war. Fast wie heute, möchte man dazu sagen: ab 50 in den Vorruhestand, ab 60 *Senior*. Bliebe nach rund 2000 Jahren die Frage nach der Evolution. Aber die hat ja schon Darwin abschließend beantwortet.

sexuelle Spielart Von *sexuellen Spielarten* wird in manchen Publikationen auch dann gesprochen, wenn sich dahinter etwa seelische oder finanzielle Abhängigkeit, Missbrauch oder Gewalt verstecken. Ebenso ist da und dort schon mal von »Spielarten des Nationalismus« die Rede, von »Spielarten des politischen Verbrechens«, »des Hasses« oder der »kreativen Bilanzkosmetik« (soll heißen: »Bilanzfälschung«). Alles nur Spiel?

Soli Was sich scheinbar gar putzig in die Reihe der »Bild«-Zeitungs-Infantilismen à la Klinsi, Schweini und Poldi einreiht, steht seit dem 1. Juli 1991 als verniedlichende Abkürzung für *Solidaritätszuschlag*. Ursprünglich bis zum 30. Juni 1992 befristet, zielte die Sondersteuer zunächst auf die Finanzierung der Wiedervereinigung und des deutschen Engagements im Golfkrieg 1991 (*Opera-*

tion Wüstensturm). 1995 wurde der *Solidaritätszuschlag* unter demselben Namen wieder eingeführt. Seither werden Politiker und Verbandsvertreter nicht müde, die Abschaffung oder Senkung besagter Steuer (seit 1998: 5,5 Prozent zur Einkommenssteuer) zu fordern. So äußerte etwa der rheinland-pfälzische Ministerpräsident Kurt Beck im Frühjahr 2001 gegenüber dem »Spiegel«: »Ich bin dafür, den Soli künftig sinkend zu gestalten.« Das Institut der deutschen Wirtschaft (IW) schlug 2008 vor, den Solidaritätszuschlag zu streichen, um die Binnennachfrage zu stärken. Geschehen ist in der Causa nichts, außer dass das Bundesverfassungsgericht im selben Jahr 2008 entschied, den *Soli* im Steuerbescheid künftig nicht mehr »vorläufig« festzusetzen. Was irgendwie logisch ist, ist doch da die Zuweisung dieser Sondersteuer im Bundeshaushalt schon seit Langem nicht mehr eindeutig geregelt.

Starke Frauen ... müssen hier als Beispiel dafür herhalten, dass auch Euphemismen gelegentlich einem Bedeutungswandel unterliegen. Wer früher *starke Frauen* sagte, meinte: dicke Frauen. Heute steht *starke Frauen* vor allem für selbstbestimmte, also finanziell unabhängige Frauen. Allein, bis in die meisten Gehaltsabteilungen samt DAX-Vorstandsetagen hat sich das – Kanzlerin hin, Ministerinnen her – noch nicht herumgesprochen.

stylish 65 Millionen Google-Treffer für *stylish*! Ein englischer Begriff, der bei uns bis vor wenigen Jahren je nachdem mit »stilvoll« oder »elegant« übersetzt wurde. Heute dagegen lautet die deutsche Vielzweck-Übersetzung für *stylish*: *stylish*. Beschönigend? Beschönigend!

Tête-à-Tête Zählt im Französischen zu den Komposita mit tête (= Kopf) und steht dort sowohl für »vertrauliches Zwiegespräch« wie für »Frühstücksservice«. Die erotische Nebenbedeutung erwächst dem Begriff im Französischen erst durch die Präposition »en« (*en tête-à-tête* = allein zu zweit) oder das Hinzufügen des Attributs »galant« (*tête-à-tête galant* = sexuelle Umarmung). Seit mit der Anglisierung der deutschen Sprache zugleich das »Savoir-vivre« aus der Mode kam, ist der charmante Euphemismus dem kurzatmigen »Date« gewichen.

Trittbrettfahrer   Flapsig verharmlosend für Erpresser, Briefbombenattentäter und andere Nachahmungstäter.

Umdenken   Zum *Umdenken* – egal ob zum »sofortigen«, »völligen«, »radikalen« oder »grundsätzlichen« – wird im medialen Sprachgebrauch am liebsten »aufgefordert« oder »bewogen«, seltener »gezwungen« oder »genötigt«. Mitunter wird das *Umdenken* auch nur »angemahnt« (zum Beispiel von der Bundeskanzlerin). Am seltensten setzt es offenbar von selber ein.

jemanden umdrehen   Aus Agententhrillern übernommenes Stereotyp. Bedeutet: einen Menschen mit physischer oder psychischer Gewalt dazu bringen, eine gewünschte Haltung einzunehmen.

nicht unerheblich   Praktische doppelte Verneinung für Zeitgenossen, die sich nicht gerne auf etwas festlegen. Klingt nach »erheblich«, kann genauso gut aber auch heißen: »etwas mehr als wenig«.

Verhütungsmittel   … sind besonders dort sprachlich unscharf, wo sie gesundheitliche Risiken und Nebenwirkungen begrifflich vernebeln.

Volksvertreter Die 614 Abgeordneten des 16. Deutschen Bundestags (2005–2009) verteilen sich laut Bundestags-Statistik unter anderem auf folgende Berufe (jeweils m/w): 143 Juristen (23,3 %), 34 Gymnasiallehrer (5,5 %), 28 Politologen (4,6 %), 26 Diplomvolkswirte (4,2 %), sowie (unter anderem) ein Kfz-Mechaniker, ein Maurer und insgesamt vier Vertreter aus Medien und Kultur. Zum Vergleich: Der Anteil der Juristen an der wahlberechtigten Gesamtbevölkerung beträgt 3,9 Prozent. So viel an dieser Stelle zum Begriff *Volksvertreter*.

Wahlfreiheit Ein Grundproblem der *Wahlfreiheit* in der repräsentativen Demokratie besteht darin, dass die Wahlberechtigten zwar die Freiheit haben zu wählen – nicht aber die Freiheit, zu entscheiden, zwischen welchen Alternativen sie wählen wollen.

wahrheitsliebend »Die Wahrheit kommt mit wenigen Worten aus«, sagt Lao Tse. Am entbehrlichsten erscheint dabei das Wort *wahrheitsliebend*.

nur mit Wasser kochen Wessen Bemühungen sich als *Schlag ins Wasser* erweisen, wer der Konkurrenz deshalb möglicherweise *nicht mehr das Wasser reichen* kann, mag sich, wenn ihm das Wasser nicht schon bis zum Hals steht, damit trösten, dass auch die anderen *nur mit Wasser kochen*.

wohl Ein Wort mit zwei Ebenen – einer geraden und einer schiefen. Geht es nach den Synonymen, so steht *wohl* für blühend, frisch, gesund und munter. Geht es indessen nach dem Sprachgebrauch, so befindet sich das Adverb meist in dubioser Gesellschaft. So werden *wohl* die Ozongrenzwerte in absehbarer Zeit nicht mehr so oft überschritten, wird es *wohl* auch irgendwann kein

Acrylamid mehr in Kartoffelchips geben, wird die Rezession *wohl* nicht allzu lange währen, wird man die Verantwortlichen der Bankenkrise *wohl* eher nicht zur Verantwortung ziehen. Egal, ob »wohlüberlegt« oder »wohl oder übel«.

zukunftsorientiert Frage: Wer ist zukunftsorientiert? Antwort: jeder! Und was ist mit jenen Verbänden, der Regierung und all den anderen Institutionen im Lande, die ihre *Zukunftsorientierung* gerne in ihren Pressemitteilungen betonen? Die sind es hoffentlich auch!

15. Von sinkenden Beschäftigungszahlen und steigenden Preisen
Nachrichten für Fortgeschrittene

Die Arbeitslosenzahl   Dass sich die Zahl der Arbeitslosen in Frühjahr und Sommer meist verringert, wird von Regierungen gern als Erfolg ihrer Politik verkauft. Der umgekehrte Effekt im Herbst/Winter dagegen liegt im alleinigen Verantwortungsbereich von Petrus und Frau Holle. Dennoch bleiben auch in der warmen Jahreszeit allzu viele ...

arbeitssuchend   ... gemeldet, vor allem, nachdem sie zuvor gekündigt, entlassen oder gefeuert wurden, sprich: seit sie arbeitslos sind. Ein Umstand, der sich in Zeiten des ...

Aufschwungs   ... deutlich ändern sollte. Doch wie titelte die Online-Ausgabe des »Manager-Magazins« im Mai 2007: »Aufschwung ohne Hartz-Empfänger«! Der Hintergrund: Während man seitens der Regierung und in den Fernsehnachrichten »3,9 Millionen Arbeitssuchende« als eine Folge des (damaligen) *Aufschwungs* bejubelte, zählte das Hamburger Magazin genauer nach und ermittelte 6,291 Millionen Bezieher von Arbeitslosengeld. »Wie das?«, fragte das Huhn. »Frag nicht, pick!«, antwortete der Bauer.

kein ausländerfeindlicher Hintergrund   Als Anfang der 1990er Jahre Asylbewerber- und Ausländerheime in Deutschland brannten, lautete der stereotype zweite Satz in den Fernsehnachrichten zumeist: »Bisher konnte kein ausländerfeindlicher Hintergrund festgestellt werden.« Ob die polizeilichen oder staatsanwaltschaftlichen Ermittlungen später zu einem anderen Ergebnis führten, erfuhren die Zuschauer allenfalls irgendwann aus ihrer Tageszeitung.

Ausrutscher   ... sind meist leichterer Natur, es sei denn sie führen zum Abrutschen in der Bundesligatabelle oder zu einer Klage wegen Beleidigung oder Körperverletzung.

Bluttat   Frage : Was ist eine *Bluttat*? Antwort:
a) Mord oder Totschlag
b) ein Euphemismus!

Blutzoll   Beschönigt den Umstand, dass eine größere Anzahl Menschen *für* etwas – zum Beispiel das *Vaterland* oder den *Friedensprozess* – gestorben sind.

Doppelselbstmord   Während es im Fall des habsburgischen Thronfolgers Kronprinz Rudolf (31) nicht letztgültig geklärt ist, ob jener seiner 17-jährigen Begleiterin Marie von Vetsera zuerst in den Kopf schoss, bevor er sich selbst umbrachte, gilt ein ebensolcher Vorgang im Fall des Ex-Bundeswehrgenerals Gert Bastian und seiner Lebensgefährtin Petra Kelly als erwiesen. Hier wie in vergleichbaren anderen Fällen handelt es sich demnach nicht um *Doppelselbstmord*, sondern allenfalls um Tötung (wenn nicht Mord) und anschließende Selbsttötung.

Dunkelziffer   Es müssen keineswegs immer Dunkelmänner dahinterstecken, wenn von der ominösen *Dunkelziffer* die Rede ist. In vielen Fällen ist annähernd genau bekannt, wie viel mehr

Straftaten begangen, Frauen misshandelt, Kinder missbraucht und Tiere gequält werden, als dies aus den offiziellen Statistiken hervorgeht. Dennoch bleiben die diesbezüglichen Zahlenwerte meist dort, wo sie der Begriff verortet. Und was kann man im Dunkeln schon anderes tun als …? Genau!

Ehrenmord   Der Begriff *Ehrenmord* stellt den Mord (strafrechtlich: Tötung aus niedrigen Beweggründen) in einen unzulässigen Zusammenhang mit dem Ehrbegriff. Treffender wäre: Femomord. Nach UN-Schätzungen werden weltweit jährlich rund 5000 Mädchen und Frauen unter dem Vorwand »sittlicher Ehre« getötet.

Einzelfälle   … gehören neben den *schwarzen Schafen* zum Verlautbarungs-Vokabular von Konzern- oder Verbandssprechern. Suggeriert wird damit: Ein derartiger *Verstoß* (zum Beispiel Bestechung, Steuerhinterziehung, Amtsmissbrauch) kommt in unseren Kreisen normalerweise nicht vor. In Zeiten der Monarchie kannte man wenigstens das dahinterstehende Motto. Das hieß: *Ruhe ist die erste Bürgerpflicht!*

Ergänzungsabgaben   Auch langlebige *Ergänzungsabgaben* können nicht darüber hinweg täuschen, dass sie einst als *befristete Sondersteuer* begonnen haben. (Siehe auch 14. Kapitel: *Soli*)

Falken und Tauben   Obwohl englische Industrielle im 16. Jahrhundert aus Taubenkot Schießpulver gewannen und obwohl Tauben auch sonst nicht ganz so friedlich sind, wie sie der Mythos zeichnet, hält sich im Nachrichtenjournalismus beharrlich das federige Bild von den Falken und Tauben für Befürworter und Gegner militärischer Gewalt (vorzugsweise im Nahen Osten) Ein Zustand, an dem ansonsten so gar nichts »fabel«-haft ist.

Finanzkatastrophe Im altgriechischen Drama bescherte die *Katastrophe* dem schuldigen Helden nach einem vermeintlichem Hoch die Wende zur entscheidenden Niederlage. Ziel dieser dramatischen Standardsituation ist laut Aristoteles die »Läuterung« (griechisch kátharsis) des Publikums von negativen Emotionen. Keine Chance zur Läuterung gibt es dagegen in der realen Welt des 21. Jahrhunderts, wo man schuldhaft herbeigeführte Finanzskandale reflexhaft zur *Finanzkatastrophe* umdeutet. So verschwinden Ursachen wie Leichtsinn, Versagen, Gier, Inkompetenz oder mangelnde Aufsicht flugs im euphemistischen Nebel. Was bleibt, sind die Auswirkungen – und die negativen Emotionen.

Friedensprozess, Friedenspolitik, Friedenssicherung Abgegriffene Standardformeln für den jahrzehntelangen, durch terroristische und militärische Aktionen geprägten Ist-Zustand im Nahen Osten.

Gesundheitskosten … sind – da beißt die Maus keinen Faden ab – zu mehr als 90 Prozent Krankheitskosten.

Gipfel Wo die Spitzen mächtiger Staaten zu gemeinsamem Zweck zusammentreffen, ist bekanntlich *Gipfel*. Das Problem: Von jedem *Gipfel* führt der Weg unerbittlich wieder nach unten.

glaubwürdig Ob jemand *glaubwürdig* erscheint, hängt bekanntlich davon ab, worum es geht. Eine Wegbeschreibung etwa pflegt man jemandem immer zu glauben, sofern das Gegenüber nicht zu erkennen gibt, dass es sich nicht auskennt. Schwerer haben es da schon Richter, die sich bei der Frage »Sind Zeugin oder Zeuge glaubwürdig?« nicht nur an deren Auftreten, sondern auch an Leumund oder Erinnerungsvermögen orientieren müssen. Ganz anders bei Fernsehnachrichtensprecherinnen. Deren *Glaubwürdigkeit* vermittelt sich durch Stimme, Körperhaltung, Erscheinungsbild, Frisur und bereitliegenden Kugelschreiber. Genau wie bei Versicherungsvertretern.

Der glücklose Vorstand   Wer nimmt nicht alles *Glücklosigkeit* für sich in Anspruch? Von Donald Duck über Fußballtrainer bis zu Lottospielern, deren »Glück« nach Jahren in einem »Vierer« kulminiert, eigentlich jeder. Von Spitzenmanagern hat man dagegen noch nie gehört, dass sie Scheitern, Versagen oder Fehleinschätzungen als *Glücklosigkeit* bezeichnen. Das besorgen schon die TV-Nachrichten.

halbamtlich   … heißt übersetzt: »nicht ganz verbürgt«.

HIV-positiv   Als der Aids-Begriff sich in den 1980er Jahren mit Bildern von Krankheitssiechtum und Tod zu verbinden begann, fand *HIV-positiv* (vom englischen Human Immunodeficiency Virus) Eingang in die offizielle Sprachregelung: als tabuisierendes Synonym für »aidsinfiziert« beziehungsweise »aidskrank«.

Holocaust   Seit der gleichnamigen Fernsehserie gilt *Holocaust* auch im deutschen Sprachraum als Synonym für die Verschleppung und Ermordung von Millionen jüdischen Menschen während der NS-Zeit. Da der englisch-lateinische Wortursprung (holocaust = Zerstörung, Inferno – von lateinisch holocaustum= Brandopfer) im deutschsprachigen Kulturraum kaum äquivalent erfühlt werden kann, wirkt dieser offizielle Begriff gegenüber »Massenmord«, »Auslöschung« oder »Massenvernichtung« vergleichsweise verharmlosend.

Inflationsausgleich »Messe-Lesen ist ein nützlich Ding, so man fleißig opfert«. Was dem norddeutschen Kirchensinnspruch »sin Uhl«, ist dem Rentenempfänger »sin Nachtigall«: *Inflationsausgleich* wär' wohl ein nützlich Ding', wenn nur die Inflation nicht wär'.

Klimawandel Nach dem *Wandel der Zeit* nun also der *Klimawandel*. Dabei wäre längst ein Begriffswandel angesagt.

kontaminiert Von lateinisch contaminare (=mit Fremdartigem in Verbindung bringen; verderben). Hier vernebelt der offizielle Sprachgebrauch auf Latein die »Verseuchung« von Erdreich, Luft oder Gewässern.

Kostenträger … bei jedweder öffentlichen Ausgabe ist entgegen anderslautenden Berichten stets der Steuer- und Gebührenzahler.

gut unterrichtete Kreise … können mehrere Informanten sein, deren Identität Medien oder Presseagenturen aus nachvollziehbaren Gründen nicht preisgeben möchten. Meist verbirgt sich hinter der Schwammformel jedoch nur eine einzige Person. Oft nicht einmal das. Wer wollte das schon nachprüfen?

Maulkorberlass In dem Roman »Der Maulkorb« von Heinrich Spoerl protestiert ein Staatsanwalt gegen die fürstlicherseits verordnete Beschränkung der Redefreiheit, indem er bei Nacht und Nebel dem fürstlichen Denkmal einen Maulkorb umhängt. Da zur Tatzeit aber auch das Gehirn des Staatsanwalts vernebelt ist (wie sonst als im alkoholisierten Zustand wäre ein Staatsanwalt zu so etwas imstande?), ermittelt der gute Mann im Folgenden, ohne es zu ahnen, gegen sich selbst. Am Ende hebt der Fürst den *Maulkorberlass* auf. Weniger lustig geht's im heutigen, medial geprägten Alltag zu, obwohl Redeverbote dort gern zum *Maulkorberlass* verniedlicht werden. Pech für die von *Maulkorberlässen* Betroffenen: Bischöfe, IOC-Bosse, Schulsenatoren oder Innenminister pflegen sich nicht zu besaufen.

Menschenrechte Nach Weltkrieg und *Holocaust* beschloss die Generalversammlung der Vereinten Nationen am 10. Dezember 1948, per »Universal Declaration of Human Rights« die Menschenrechte im Bewusstsein der Weltöffentlichkeit zu verankern. Der Erklärung folgten »Genfer Flüchtlingskonvention«, »UN-Kinderrechtskonvention«, »UN-Anti-Folter-Konvention« sowie Konventionen zur Beseitigung von Diskriminierung und Völkermord. 2008 bilanzierte der »amnesty international report«: Politische Häftlinge in 45 Staaten, Folter in 81 Staaten, 1252 Hinrichtungen in 24 Staaten, Verletzung von Presse- und Meinungsfreiheit in 77 Staaten, Frauen diskriminierende Gesetze in 23 Staaten sowie unfaire Gerichtsverfahren in 54 Staaten. *Menschenrechte* zwischen Anspruch und Wirklichkeit.

militärische Übergriffe … kommen laut Nachrichten-Jargon in einigen Regionen der Erde immer wieder vor. Trotzdem handelt es sich dabei fast immer um völkerrechtswidrige Angriffe.

Mission Ähnlich wie die militärische *Operation* hat sich auch die *Mission* (von lateinisch mittere, missum = entsenden) als Euphemismus für »kriegerischen Militäreinsatz« in den Nachrichtenstudios etabliert.

Niederschlagstätigkeit Anders als Preise, die scheinbar von selbst »steigen«, werden Niederschläge offenbar von irgend jemandem »getätigt« (Petrus? Frau Holle?). Ein Mysterium.

notleidende Banken »Unwort« des Jahres 2008. Begründung der Jury: Durch den Begriff werde »das Verhältnis von Ursachen und Folgen der Weltwirtschaftskrise« auf den Kopf gestellt. Die »Verursacher der Krise« würden so zu deren »Opfern« stilisiert.

Nullwachstum Im Gegensatz zum *Null-Euro-Handy*, für das am Ende doch eine Menge Euro zu berappen sind, wird aus *Nullwachstum* selbst bei gutem Zureden kein Wachstum. Warum es also nicht gleich »Stagnation« nennen?

Prognose In der *Wahlprognose* in ARD und ZDF erfahren die Zuschauer bereits um 18 Uhr bis auf zwei, drei Prozent genau, wer bei der Wahl wie abgeschnitten hat. Mit hundertprozentiger Genauigkeit ließe sich indes prognostizieren, was die befragten Parteivertreter dazu zu sagen haben. Dennoch geht die *Elefantenrunde* später gnadenlos über den Bildschirm.

schwere Krankheit Der Nachrichtenstereotyp für Krebs, Aids oder andere tödliche Erkrankungen. Die Würde prominenter Verstorbener soll auf diese Weise geschont werden (Motto: de mortuis nil nisi bene). Solange diese Prominenten leben, nehmen es dieselben Medien mit der Würde oft weniger genau.

sexueller Übergriff Der *Übergriff* steht allgemein für das »unrechtmäßige Eingreifen in eine fremde Privatsphäre«. Als verharmlosendes Synonym für Vergewaltigung oder sexuellen Missbrauch ist der *Übergriff* dagegen völlig fehl am Platz.

sinken Was leider immer mal wieder *sinkt*, sind Temperaturen, Luftdruck, die Schneefallgrenze oder auch die gute Laune. Was keinesfalls *sinkt*, liebe Nachrichten-Redakteure, sind Beschäftigtenzahlen, Löhne oder soziale Leistungen. Dahinter steckt immer jemand, der daran dreht!

steigen Standard-Euphemismus für »erhöhen« oder »hinaufsetzen«. Wer wollte denn hinter Beiträgen, Preisen, Kosten oder Gebühren, die scheinbar gleich Luftballons *steigen*, gar Menschen und Gremien mit ihren Egoismen vermuten?

Tauwetter Verblümend für »nachlassenden politischen und/oder militärischen Druck«.

Topterrorist Nachrichten-Stereotyp für »international gesuchte terroristische Drahtzieher« (früher Carlos, heute unter anderem Osama Bin Laden), die man so medienbegrifflich in die Nähe von Topstars, Topmodels oder Topathleten rückt.

Wachstum Wenn das Platzen einer einzigen Finanzmarktblase schlagartig die jährlichen *Wachstums*-Raten etlicher Jahre neutralisiert: Was – abgesehen von Schulden, Geldmenge und Luftwerten – ist denn da in all den Jahren wirklich gewachsen?

sinkendes Wachstum Frage: Wie lautet die euphemistische Steigerung von *Nullwachstum*? Antwort: *sinkendes Wachstum*. Gemeint sind dennoch stets Rezession oder Regression.

Wahlsieger Als *Wahlsieger* gilt in der medialen Wahlberichterstattung immer seltener die stimmenstärkste Partei – selbst wenn diese vom Bundespräsidenten später den Auftrag zur Koalitionsbildung erhält –, sondern die Partei mit dem höchsten Stimmenzuwachs. So konnte sich etwa nach der Österreichischen Nationalratswahl 2008 die rechtspopulistische FPÖ (17,5 %) Seite an Seite mit der BZÖ (10,4 %) unwidersprochen in den Medien zu *Wahlsiegern* erklären, obwohl sie in Wahrheit an dritter und vierter Stelle rangierten.

Literaturverzeichnis

- von Arnim, Hans Herbert: *Staat ohne Diener. Was schert die Politiker das Wohl des Volkes?* München: Droemer Knaur 1995
- Bode, Thilo: *Abgespeist. Wie wir beim Essen betrogen werden und was wir dagegen tun können*, Frankfurt am Main: S. Fischer 2007
- Bollmann, Ralph: *Reform. Ein deutscher Mythos*, Berlin: wjs 2008
- Busch, Wilhelm: *Von mir über mich*, Wiesbaden: Insel 1956
- Delacampagne, Christian: *Die Geschichte des Rassismus*. Aus dem Französischen von Ursula Vones-Liebenstein, Düsseldorf / Zürich: Patmos 2005
- Eibl-Eibesfeldt, Irenäus: *Krieg und Frieden aus der Sicht der Verhaltensforschung*, 3. Aufl., München: Piper 1984
- Eibl-Eibesfeldt, Irenäus: *Liebe und Hass. Zur Naturgeschichte elementarer Verhaltensweisen*, 16. Aufl., München: Piper 1993
- Freud, Sigmund: *Das Unbehagen in der Kultur und andere kulturtheoretische Schriften*, 9. Aufl., Frankfurt a. M.: Fischer Tb. 2004
- Freud, Sigmund: *Der Witz und seine Beziehung zum Unbewussten. Der Humor*, 7. Aufl., Frankfurt a. M.: Fischer Tb. 2004
- Fried, Amelie, und Gleich, Jacky: *Hat Opa einen Anzug an?*, München: Hanser 1997
- Grillparzer, Marion: *Glyx-Diät. Abnehmen mit Glücks-Gefühl*, 10. Aufl., München: Gräfe & Unzer 2007
- Horkheimer, Max, und Adorno, Theodor W.: *Dialektik der Aufklärung. Philosophische Fragmente*, 16. Aufl., Frankfurt a. M.: Fischer Tb. 1988

- Huxley, Aldous: *Schöne neue Welt*. Aus dem Englischen von Herberth E. Herlitschka, 65. Aufl., Frankfurt a. M.: Fischer Tb. 2008
- Kahlweit, Cathrin (Hrsg.): *Jahrhundertfrauen: Ikonen, Idole, Mythen*, 2. Aufl., München: C. H. Beck 2001
- Kemper, Peter, und Sonnenschein, Ulrich (Hrsg.): *Sucht und Sehnsucht, Rauschrisiken in der Erlebnisgesellschaft*, Stuttgart: Reclam 2000
- Klee, Ernst: *Das Personenlexikon zum Dritten Reich: Wer war was vor und nach 1945*, 2., aktualis. Aufl., Frankfurt a. M.: Fischer Tb. 2005
- Klee, Ernst: *»Euthanasie« im NS-Staat: Die »Vernichtung lebensunwerten Lebens«*, 11. Aufl., Frankfurt a. M.: Fischer Tb. 2004
- Mitscherlich, Alexander: *Auf dem Weg zur vaterlosen Gesellschaft*, Weinheim/Basel/Berlin: Beltz 2003
- Orwell, George: *1984*. Aus dem Englischen von Michael Walter, 31. Aufl., Berlin: Ullstein Tb. 2007
- Ostrander, Sheila, und Schroeder, Lynn: *Leichter lernen ohne Stress – Superlearning*, Bern / München / Wien: Scherz 1987
- Peale, Norman Vincent: *Die Kraft positiven Denkens*, Zürich: Oesch 2006
- Postman, Neil: *Wir amüsieren uns zu Tode, Urteilsbildung im Zeitalter der Unterhaltungsindustrie*, 18. Aufl., Frankfurt a. M.: Fischer Tb. 1988
- Postman, Neil: *Das Verschwinden der Kindheit*, 16. Aufl., Frankfurt a. M.: Fischer Tb. 2006
- Samjatin, Jewgenij: *Wir*. Aus dem Russischen von Gisela Drohla, Köln: Kiepenheuer & Witsch 1984
- Scheuch, Erwin K., und Scheuch, Ute: *Cliquen, Klüngel und Karrieren*, Reinbek: Rowohlt Tb. 1992

- Schultze-Pfaelzer, Gerhard: *Propaganda, Agitation, Reklame*, Berlin: Stilke 1923
- Sloterdijk, Peter: *Regeln für den Menschenpark. Ein Antwortschreiben zu Heideggers Brief über den Humanismus*, Frankfurt a. M.: Suhrkamp 2008
- Spitzer, Manfred: *Das Wahre, Schöne, Gute – Brücken zwischen Geist und Gehirn*, Stuttgart: Schattauer 2008
- Spitzer, Manfred: *Geist im Netz*, Heidelberg: Spektrum 2000
- Tominaga, Minoru: *Die kundenfeindliche Gesellschaft. Erfolgsstrategien für Dienstleister*, München: Econ Tb. 1998

Wörterbücher:
- Kluge, Friedrich: *Etymologisches Wörterbuch der deutschen Sprache*, 24. Aufl., bearbeitet von Elmar Seebold, Berlin: De Gruyter 2002
- Wissenschaftlicher Rat der Dudenredaktion (Hrsg.): *Duden, Stilwörterbuch der deutschen Sprache*, 7. Aufl., Mannheim 1988
- Wissenschaftlicher Rat der Dudenredaktion (Hrsg.): *Duden, Herkunftswörterbuch der deutschen Sprache*, 2. Aufl., Mannheim 1989
- Wissenschaftlicher Rat der Dudenredaktion (Hrsg.): *Duden, Bedeutungswörterbuch der deutschen Sprache*, 2. Aufl., Mannheim 1985
- Zeitverlag Gerd Bucerius (Hrsg.): *Die Zeit, Das Lexikon in 20 Bänden, Deutsches Wörterbuch, Band 17–19* – Mannheim 2005

Dokumente, Nachschlagewerke und Portale im Internet:
- Berlin-Brandenburgische Akademie der Wissenschaften: Das digitale Wörterbuch der deutschen Sprache des 20. Jahrhunderts: http://www.dwds.de/

- Bundesministerium der Justiz: Gesetze / Verordnungen: http://www.gesetze-im-internet.de/
- Bundesministerium des Innern: http://www.bmi.bund.de/
- Bundesministerium für Ernährung, Landwirtschaft und Verbraucherschutz: http://www.bmelv.de/
- Bundesregierung: http://www.bundesregierung.de/
- Deutscher Bundestag: http://www.bundestag.de/
- Deutscher Industrie- und Handelskammertag: http://www.dihk.de/
- Die Waidmannssprache von A–Z: http://www.waidmannssprache.de/
- Dokumente der Europäischen Union: http://europa.eu/
- Foodwatch: http://www.foodwatch.de/
- GfdS Gesellschaft für deutsche Sprache: http://www.gfds.de/
- Greenpeace: http://www.greenpeace.de/
- Institut für Arbeitsmarkt- und Berufsforschung: http://www.iab.de/
- jagd.de – die Kommunikationsplattform für Jäger: Jagdlexikon: http://jagd.de/
- Niedersächsisches Landesjustizportal: Recht von A–Z: http://www.justiz.niedersachsen.de/
- Ökotest online: http://www.oekotest.de/
- Paperball, Medien-News-Suchportal: http://paperball.de/
- Partnerschaften Deutschland: http://www.oeppdag.de/
- Portal der Arbeiterkammern in Österreich: http://www.arbeiterkammer.at/
- Portal der Schönheit: http://www.portal-der-schoenheit.de/
- Portal der Verbraucherzentralen in Deutschland: http://www.verbraucherzentrale.de/
- Reporter ohne Grenzen: http://www.reporter-ohne-grenzen.de/
- retro.bib, Die Retro-Bibliothek: http://www.retrobibliothek.de/

- Sozialwissenschaftliches Institut der Bundeswehr: http://www.sowi.bundeswehr.de/
- Statistisches Bundesamt: http://www.destatis.de/
- Stiftung Warentest: http://www.test.de/
- Umweltbundesamt: http://www.umweltbundesamt.de/
- Unwort des Jahres: http://www.unwortdesjahres.org/
- Wein-ABC – Weinlexikon: http://www.wein-abc.de/
- Wortschatzportal der Universität Leipzig: http://wortschatz.uni-leipzig.de/

Stichwortverzeichnis

Aufrecht gestellte Stichwörter (Bsp. ABC-Waffen) weisen jeweils auf einen eigenen Abschnitt. Kursiv gestellte Begriffe (Bsp. abmurksen) beziehen sich jeweils auf den Fließtext. Kommt ein Stichwort mehrmals vor, sind die Seitenzahlen entsprechend kursiv oder gerade gestellt.

ABC-Waffen 153
abdecken 150
Abenteuerreise 60
abfackeln 95
abfangen *14,* 150
Abfindungsregelung 117
abgereichert 153
abklatschen 95
abmurksen 17
abnicken *14,* 150
abschlagen 150
abschweißen 14
absolut 52
adstringierend *30, 40*
affengeil 21
Akademie 52
akquirieren, *Akquise* 138
Aktivreisen 52
Aktivurlaub 52
alkoholfrei 30
alkoholkrank 95
Alkopops *14,* 16
alle machen 17

alles im Griff 125
alt 150
älter 17
alterslos 12, 106
Altersruhesitz 53, *78*
Altersteilzeitregelung 117
ältestes Gewerbe 164
Altstadtsanierung 95
Amortisationssyndrom 93
anfordern 53
Angebots-Hit 67
angegraut 17, 164
angeheitert 16
angejahrt 17, 164
anpassen 102
Anpassung *9, 164*
Anreiz 101, 117
Anschluss 138
anschweißen 152
ante portas 93
Anti-Aging *17, 62,* 85, *87*
Antifaltencreme 85

Antifaschistischer Schutzwall 138
Anti-Fett-Formel 63
Anwendungen 17
Apfelsaft 33
Arbeitslosenzahl 182
Arbeit hat Vorfahrt 102
Arbeit macht frei 139
Arbeitsbeschaffungsmaßnahme 95
Arbeitsessen 96
Arbeitsmarktoffensive 133
arbeitssuchend 182
Arisierung 139
Aromastoffe 30
artgerecht 30
Asiatischer Waschbär 63
asset backed securities 54
Ästhetik 92
Ästhetische Chirurgie 88
Asylantenfrage 49

Asylpraxis 103
atmungsaktiv 54
atomare Keule 107
attraktive Preise 54
auf dem Feld der Ehre 155
auf die Decke legen 151
aufenthaltsbeendend 45
auffrischen 85
Aufschwung 182
aufstrebend 42, 146
Augmentation 86, *91*
aus dem Leben scheiden 23, *26, 169*
aus dem Weg räumen 16
aus Rücksicht auf 135
ausgestaltete Käfige 36
ausgewogen 165
auskni psen 16
Ausländerfrage 49
auslöschen 16
Ausrutscher 183
ausscheiden 26
außergewöhnlich 146
ausstellen 102
Avantgarde 165
Bademöglichkeit 42
barrierefrei 96
Bauchansatz 16
Bauernspeck 31
Baumschutz 165
Bedarf 165
Beerenauslese 31

Befehlsempfänger 139
Begrüßungszentren 45
behandeln, Behandlung 45, 166
beheizbarer Pool 42
Beifang 55
Beileidstourismus 95
beiseite schaffen 17
beisetzen 166
Beitrag leisten 126
beitragsintensiv 96
beitreten 143
bejaht 17, 164
belastbar 97
Belastungsgrenze 97
belegen 151
beleibt 24
Beratungskompetenz 81
berührt sein 126
beseitigen 16, 17
bestatten 166
Bestpreis 55
Betafehler 97
betagt 17, 164
betroffen 126
beurlaubt 97
Bierchen 18
Bilanzsuizid 97
Bild dir deine Meinung 97
bildungsfern 97
Bildungsoffensive 133
Billiganbieter 55, 58
Billig- 55, 67
bioaktiv 34

Bioimplantat 86, *88*
Biolifting 86
Birkenhof 31, *36*
Birnensaft 33
Blacktail 61
Blitzkrieg 140
Bluttat *12*, 183
Blutzoll 183
Bodenhaltung 31
Bodenreform 98
Bodycontouring 89
Bodyshaping 55
Botox-Behandlung 86, *91*
Briefing 160
Brummschädel 18
Brustkorrektur 87
Brustverkleinerung *91*
Bürger in Uniform 98
Bürgerkarte 98
bürgernah 126
Bürgertelefon 127
Büro für globale Verständigung *10*, 45
Businesspark 13, 84
Callboy, Callgirl 167
Callcenter 58
Call-In-Gewinnspiele 171, 173
Casa Sana 78
cave linguam 93
Cellulitetherapie 87
Chancengleichheit 127
chemische Keule 107
China Wolf 63
Chirurg. Schnitte 153

christlich 127
clever sparen, *clever reisen u.a.* 14, 56
Club, Klub 56
Coffee Shop 79
Computerspiel 57, 158
Content-Filter 99
Contouring 89
cool 18, *21, 27*
Corsac Fox 63
Cypernkatze 72
Daisy Cutter 158
das Licht ausblasen 16
Datenschutz *81*, 99, 123
Deutsche Demokratische Republik 138
decken lassen 167
Deckungslücke 100
demokratisch 127
den Dialog suchen 127
den Fang geben 151
den Löffel abgeben 157
Denkanstoß 127
denkmalgeschützt 146
Deportation 140, *142*
Der kleine Mann auf der Straße 132
Derivate 68
dermale Filler 92
Designer Drinks 16
Dialog 127
Die Extraportion Milch 32
Die Mitte 133

Die Rente ist sicher 132
dienen 127
direkt am Meer 42
Direktbank 58
Direktflug 42
Discounter 55, 58
Diskussionsbedarf 128
Domina-Studio *166, 167*
Domizil 146
Doppelselbstmord *169*, 183
Doppelwhopper 18
drall 28
drängeln *12*, 18
Dublette 151
Duft, *Duftkerzen u.a.* 58
Duldung 100
Dunkelziffer 183
Easy Shopping 59
Edelfäule *31*, 32
Edvige 46
effizient, Effizienz 167
Ehehygiene 59
eher 19
Ehrenhändel 19
Ehrenlauf 151
Ehrenmord *12*, *107*, 184
Ehrenrunde 19
Ehrenwort 19, *112*
ehrlicher Mensch 20
Eigenfett *86*, *87*, *92*

ein Mehr an 132
Ein-Euro-Job *24*, 101, *102*
Eingliederung 101
Einkaufsmöglichkeit 146
Einkaufsoase 59
Einkaufsparadies 59
einschläfern 168
Einsparung 76
Einvernehmen 166
Einzelfälle 184
Eisen 151
Elefantenrunde 189
embedded journalists 153
Emigration 140
Empfehlungen 128
Endlösung 140
Endsieg 141
Energy-Drinks 32
Entkernung 95, *124*
Entmietung 77, *95*
entschlossen 128
Entsorgungspark 13, *60*, *84*
Erdbeeraroma 9
erfassen, Erfassung 140
Ergänzungsabgaben *38*, 184
Erinnerungskultur 101
Erlebniskultur 59
Erlebnispark 60
erlegen *14*, 151
Ersatzmutter 173
Erstschlag 154

erwischt (es hat jmdn. e.) 157
Erziehungscamp 46
Erziehungsurlaub 20, 14
Etablissement 168
Ethnische Säuberung 14, 141
Eugenik 144
Euthanasie 7, 141–143
Evakuieren 122, 140
Event 12, 60
exclusiv 60
Exekution 46, 154
Exempel statuieren 47
exklusiv 60
Exponat 168
exspectative Therapie 93
externes Pigment 93
extra muros 93
Faeces! 11, 93
fahrradfreundlich 168
Fahrzeugpark 13, 60
fair 165
fairer Wettbewerb 60
Falken und Tauben 184
Fallen 155
Fallzahl 102
Fan-Club 56
fangfrisch 61
Fatburner 78
Feh 61
Feinstaubgrenzwerte 172
feinstkonturierend 17

feinstmodellierend 87
Feld der Ehre 155
Fernblick 147
Fettabsaugung 88, 89
Fettkiller 78
Fettpölsterchen 16
Feuertaufe 157
Finaler Rettungsschuss 47
Finanzkatastrophe 185
fit für die Zukunft 129
Fitness-Oase 17
Fixierung 47
Flatrate 61, 130
Flexibilisierung 102
fluffig 62
flügeln 14, 151
Flughafennähe 43
Fluktuation 141
Förderung 101
forever young 62
Formel 63
Formschinken 32
fragging 155
Frauenpower 76
frei, Freiheit 129 f.
Freie Deutsche Jugend 129
Freie Fahrt 129
freiheitlich 127, 129
freisetzen, freistellen 102
Freitod 169
Freizeitgesellschaft 102
Freizeitpark Deutschland 103

Freund & Helfer 103
friedenserhaltende Maßnahmen 155
Friedenspolitik 155, 185
Friedensprozess *183*, 185
friendly fire 155
frisch 61
Frischeformel 63
Fristenlösung 103
Front verkürzen 156
Fruchtgeschmack 32
fruchtig 35
Fruchtjoghurt 32
Fruchtnektar 33, 39
Fruchtsaft 33, 39
Fruchtzubereitung 32
Frühlingsgefühle 20
Führerhauptstadt 138
füllig 28
functional food 34
Fundamentalismus 169
für Schnellentschlossene 148
Fürsorge 8
fusilieren 154
fußgängerfreundlich 168
Gaewolf 63
Gang der Dinge 104
ganzheitlich 63
Garantiefonds 64
Gastfreundschaft 21
Gastland 103

Geflügelwurst 34
Gefrierfleischorden 157
gefühlte Inflation 170
Gegendarstellung 104
Geheime Reichssache 140
Geheimtipp 64
geil 21, 27
geistig frisch 106
Geiz 64
Geld-zurück-Garantie 65
Gemeineigentum 98
Genussabenteuer 34
geordneter Gang 104
gerecht 151
Geruchsneutralität 75
Geschmackserlebnis 34
geschmacksneutral 35, 75
Geschmacksverstärker 35
Gesellschaftswert 114
Gesichtskorrekturen 89
Gesprächskultur 130
Geste 21
gesund 35
Gesundh.-kosten 7, 185
Gesundheitsreform 172
Gesundschrumpfen 76
Gewerbepark 13
Gewinnwarnung 65
Gewissensfreiheit 131
gezielte Vereitelung 163
giga 21

gigantisch 145
Gipfel 185
Gläschen 18
Glättung 10, 85, 88
glaubwürdig 185
Gleichschaltung 7, 142
Global Player 171
glücklos 7, 186
Glücksdiät 17, 35
Gnadentod 141, 142
goldener Schuss 22
goldenes Herz 22
Grand Slam 158
Grapefruitsaft 33
gratis 65
Grenzwert 104
grenzwertig 48
grob anfassen 22
großzügige Räume 147
grün 169
Grünzone 104
Gubi 63
günstig 66
gut erhalten 147
gut unterrichtet 187
Gutachten 169
gute Verkehrsanbindung 44
Gütesiegel 66
haarneutral 75
halb freistehend 147
halbamtlich 186
Halbfettprodukte 17
halbtrocken 36
Hammer- 12, 21, 27, 66

Handlungsbedarf 128, 131
Harmonisierung 9, 88, 105
Hartz IV 105
hautidentisch 67
Hautirritation 88
hautneutral 75
Hautunreinheiten 88
Hege 151
Herausforderung annehmen 131
Herz und Verstand 170
Heuschrecken 171
Hier zählt der Mensch 73
High-Tech-Krieg 161
Himmelfahrtskommando 157
himmeln 151
Hinausmodernisieren 77, 95
hinter jemandem stehen 22
Hirschfänger 152
Hit 67
HIV positiv 186
hochbetagt 17
hochinteressant 23
hochkarätig 67
Hofgut 36
hoher Freizeitwert 147
Holocaust 186
hops gehen 157
Horizontales Gewerbe 14, 164

Stichwortverzeichnis **201**

Housecat 72
Humankapital 48
Humorexperte 71
Humorschiene 170
Hyperpigmentierung 89
iatrogen 93
Ich-AG *83*, 105
idiopathisch 94
idyllische Hanglage 147
Ihre Meinung zählt 174, *171*
in aller Deutlichkeit 127
Inaktivierung *10*, 89, 91
Individualgesellschaft 105
individuelle Bauweise 147
individuelle Lösung 67
individueller Wert 113
Industriepark 13, 60, 84
Inflationsausgleich 187
Inflationsindex 170
Inform.-gesellschaft 171
Informationspaket 110
Initiative 131
innovativ 68
ins Feld ziehen 155
ins Jenseits befördern 16
Integrationsgipfel 51

integrationsresistent *10*, 47
intelligente Waffen 156
Intensiv- 36
interaktiv 171
interessant 23
Internationaler Wert 114
Jedem das Seine 139
Joghurt mit Frucht 33
Judenstern 142
jugendlich wirkend 12, 106
jugendliches Ambiente 147
Jugendschutz 172
jung geblieben 12, 106
junge Zielgruppe 171
Jungsenioren *12*, 106, 164
Justizvollzugsanstalt 106
Käfige 36
Käfighaltung 36
kalt machen 17
Kanonenfutter 157
Karlsruhe-Touristen 48
Karriere-Zentrum 106
kaufkräftig 106
Käufliche Liebe 107
Kettenbriefe 77
Keulung 107
Kinder- 36
kinderfreundlich 43
Kinderschutz 171

Kirschsaft 33
klappern 152
klar 127
klimaneutral 68
Klimaschutz *123*, 165
Klimawandel 187
Klimazone 68
knackig 23
Knochenputz 39
Koalition der Willigen 156
Kohlehydrate 37, 9
Kollateralschaden 156
Kommunikationsgesetz 172
Kompaktkonto 69
kompetent 126
Kompetenzzentrum 113
Komplikationen 88
Konfliktmanagement 118
Konfliktpartnerschaft 118
König Kunde *34, 53*, 69
Konsensdemokratie 118
konsequent 126
Konsolidierung 107
kontaminiert 187
kontinental 43
Kontrollierte Aufzucht 37
konturieren *10, 88*, 89
Konzentrationslager 142
korpulent 28

Korrektur 89
kosmetische Chirurgie 85
kostenintensiv 96
kostenlos 70
Kostenträger 187
kräftig die Meinung sagen 22
kreativ, Kreativ- 70 f.
kreativer Umgang mit der Wahrheit 23
Kriegserinnerungen 159
kriegswichtig 143
Kulturbereinigung 49
Kulturdelikt 107
Kulturlandschaft 130
Kunden- 71
Kunstfehler 172
kurze Transferzeit 44
KZ-Ärzte *121*
Lachseminar, *Lach-* 71
Lammleder 63
Land der Dichter und Denker 167
landestypisch 43
Landliebe 72
lean production 108
Lebensmittelzusatzstoffe 37
Lebensqualität 172
lebenswerte Zukunft 108
lebhafte Umgebung 147
Lehrstellenoffensive 133

Leibhaftiger 23
Leihmutter 172
Leistung 132
Leitkultur 109, 127
letzte Ruhe(stätte) 173
Letzter Wille 24
Liebhaberobjekt 147
lieblich 37
Lifting 89
light 37
Lipi 72
Liposculpturing 89, 91
Liquidieren 17, 143
Little Boy & Fat Man 158
Lösungskompetenz 109
Lösungsmodell 118
Lyrenkatze 72
Maligne Bradyphrenie 94
maligne Logorrhoe 94
Maopi 72
Masken-Effekt 91
Massagesalon 72
Massenkeulung 122
Maßnahme- 9, 17, 111
Maßnahmepaket 125
Maulkorberlass 187
Medienaufsicht 173
Medienlandschaft 173
Meerblick 43
meerseitig 43
mega- 12, 21
Mehrheit im Lande 174

Mehrwert-Nummer 70, 72
Meinungsfreiheit 120
Menschenliebe 174
Menschenrechte 188
Mietermobbing 77
Migrationshintergrund 49
Milchriegel 35
mild 37
Militainment 158
militärischer Übergriff 188
Militärmission *12, 160, 188*
Milliarden-Konjunkturpaket 111
Minderheitenfrage 49
Minifettabsaugung 17
Minilifting 90
Minuswachstum 132
mit Garten 147
mit großem Ernst 127
Mitbewerber 73
Mitmensch 174
Mitnahmepreis 73
modellieren 90
modern 175
mollig 24
Molotow-Cocktail 159
Mother Of All Bombs 159
Motivationsschub 133
Mountain Cat 72
mountain goat skin 63
multikulturell 109

Stichwortverzeichnis **203**

Münchner Abkommen
143
Mündiger Bürger 133
Mundpflege 175
Nachbarschaftshilfe 24
Nachhaltigkeitsfaktor
115
Nachsaison 73
Nähe 148
Nahrungsergänzungsmittel 38
Nasenkorrekturen 89
national befreite Zone
95
nationaler Integrationsplan 51
naturbelassen 43
Naturgrundstück 148
naturidentisch 30, 38
natürlich 9, 30, 38
Naturprodukt 38
Naturschutz 165
Naturstrand 43
Nebenkosten 74
Nebensaison 74
*Negativwachstum 65,
76, 133*
*Nekhon Pemmernwolf
63*
Networking 77
neu 74
neu fertiggestellt 43
neue Akzente setzen
125
neutral 75
neutralisieren 17

nicht ausländerfeindlich 182
nicht ausschließen 126
nicht der Zeitpunkt
137
nicht mehr der Jüngste
25
nicht uneitel 126
nicht unerheblich 179
Niederschlagstätigkeit
189
Normalbürger 109
notleidende Banken
189
Notverkauf 148
Null-Euro-Handy 75,
189
Nullrunde 115
Nullwachstum 189
Numerologie 175
nur 75
nur mit Wasser kochen
180
Nürnberger Gesetze
143
O.S. 94
obduzieren 175
Obst in der Flasche 38
offener Wohnstil 148
Offensive 133
Öko 75
ökologisch 127
ökonomische Sachzwänge 135
Omega-3-Fettsäuren
34

Operation *(milit.)* 159,
160, 188
Opfer 134
optimieren 5
Optimierungsvorsorge
110
Orangensaft 33
Österreichwert 114
Outsourcing 110
Oxi, *Oxy* 75
Ozongrenzwerte 172
Päderast 110
pädophil 110
Paket, *Paketlösung* 110
Pappkamerad 157
Parteienlandschaft 134
Patriotismus 111
Peanuts 111
Peeling 25, 90
perfekte Wohnung 148
Performance 112
Personalanpassung *76,*
112
Piercing 25
Pilotenspiele 77
pinguis 94
Plussparen 76
Pogrom(nacht) 144
*Politische Landschaft
130*
polizeilich in Erscheinung 112
positiv denken 76
Postoptimierung 113
Power- 76
praktisch 134

Präventivkrieg 160, 163
Präzisionsschlag 160
Preemptive Strike 10, 160
Preisanpassung 113
Preishämmer 66
Premix 16
probiotisch *34*, 38
problembewusst *128*, 134
Problemzone *16*, 90
Prognose 189
Protektorat 143
Prüfzeichen 66
Public Private Partnership 113
public value 113
pummelig 24, *28*
punktieren 176
Pyramidenspiele 77
Qualifizierungsmaßnahmen 114
Quotenregelung 114
radschlagen 152
Rahmenbedingungen 97, 134
Rassenhygiene 144
raufen, Rauferei 25
räumen, Räumung 114
Raumordnung 115
Ready-to-Drink 16
Redefreiheit 176
Reduktion 91
reell 77
reelle Preise 78

Reformstau *109*, 134
regeln 51
Reichskristallnacht *139*, 144
reif *17*, 25
Reinheitsgebot 39
remodellieren 90
Rentenanpassung *76*, 115
respektvoll 78
Ringelpietz 157
risikoarm 115
Röst-Aromen 39
Rotlicht-Milieu 72
Ruck 134
Rückbau 124
Ruhestand 25
Ruhezone 148
ruhige Lage *44*, 148
ruhigstellen *12*, 49
rundlich 24
rüstig 106
Sachzwänge *135*, *164 f*
Saft 39
Sandkastenspiele *158*
sanfte Medizin 176
Sanierung *95*, 124
Sauberer Krieg *160*, 161
Sauberkeitsformel 63
Saufeder 152
schadstoffarm 115
Schäferstündchen 26
Schallschutz 148
scharf 26
scheiden 26

Schenkkreise *77*
schieflaufen 176
Schlag ins Wasser *180*
schlank *(Personal)* 116
schlanke Produktion *108*
Schlankheitsmahlzeit 78
Schlückchen *18*
Schnäppchen 78
Schnäpschen *11*, *18*
Schnupper- 116
Schöne Neue Welt *8*
Schönheits- *9*, *17*, *87*, *91*, *173*
schubsen 27
Schutzengeltee 39
Schutzgebiete *161*
Schutzhaft *144*, 7
Schutzmacht 161
Schutzschirm 162
Schwangerschaftsabbruch 116
schwarze Schafe *184*
Schweiß *(jägerspr.)* 152
schwere Krankheit 189
Sculpturing *10*, 91
Seefuchs *63*
Selbstverwirklichung 177
Selektion 145
Senioren *17*, *106*, *177*
Seniorenresidenz 78
sensibler Bereich *10*, 117
Separatorenfleisch 39

seriöses Umfeld 148
Serious Games 158
Sexuelle Spielart 177
sexueller Übergriff 12, 189
Shareholder Value 78
sich frisch machen 20
sicherstellen 138
sieben 79
sinken 190
Smart Shop 79
Sobaki 63
Sobalsky 61
Softgun 79
Softlifting 91
Solidaritätszuschlag 177
Sonderauftrag Linz 138
Sonder- 45, 145
sonnig 149
Souverän 135
sozial 127, 165
Sozialhygiene 49
sozialisieren 98
sozialverträglich 117
Sparmaßnahmen 102
Spaßkultur 60, 117
Speeddating 118
Spielart 177
Spielothek 79
Spock-Effekt 92
Spontanvegetation 108
Stabilisatoren 40
Stabilisierung 107
Stalinorgel 162

Standort Deutschland 118
standrechtlich 154
starke Frauen 178
statistischer Warenkorb 170
steigen 7
steigen 7, 190
sterbliche Überreste 166
stilvoll 149
straffen 102
stramm 24
Strandnähe 42, 44
Streitkultur 118
streng riechen 27
strenge Kriterien 80
stylish 178
suboptimal 27
Subprime 68
super 21, 27
Superlearning 80
Superstars 27
Supertalent 27
symbolische Geste 22
systematische Immunschwäche 118
Tag der Arbeit 165
Tagesmenü-Hit 67
Tallboy 158
Tauwetter 190
teamattack 156
teamkill 156
Technologiepark 13
Telentka, Teleutka 61
Tête-à-Tête 178
Therapie 87

Tierschutz 36
toll 27
Tönung 75
top oder flop 119
Topmodels 27
Topstars 12
Topterrorist 12, 190
Transparenz 135
Traubensaft 33
Trauerhilfe 80
Traumreise, Traum- 81
Trendsetter 165
trendy 81
Trittbrettfahrer 179
trocken 40
Turbopartnersuche 118
über den Durst trinken 14, 18
Überflussgesellschaft 60
Überkorrektur 91
überrascht 136
um die Ecke bringen 17, 19
Umdenken 179
umdrehen *(Person)* 179
Umfriedung 119
umlegen 17
ums Leben bringen 23
Umstrukturierung 76
Umverteilung 98
umweltfreundlich 81
Umweltschutz 165
unbeherrschbar 119
unbeirrbar 136

unbekömmlich 28
unberührte Natur 44, 149
unerschütterlich 145
ungeheuer 145
ungezwungene Atmosphäre 44
unsanft 8, 28
unschön 8, 28
unsterblich 145
Unterhaltungsspielautomat 80
Unterspritzung 92
unverbaut 149
unvorteilhaft 8, 28
üppig 24
ur- 21
Ut aliquid fiat 94
variabel *10*, 119
Vaterland 183
Verankerung 136
Verantwortung *128*, 136
verbraucherfreundlich 81
Verbraucherschutz *8*, 120
Verdauungsschnaps 28
Veredelung 40
Verfassungsschutz 120
verheizen 157
Verhörmethoden 50, *166*
Verhörpraxis 50
Verhütungsmittel 179
Verklappung 9, 50, *89*

Vermittlungsproblem 136
Versammlungsfreiheit 120
verschlanken *102*, *108*, 121
Versehen *27*, 28
versorgen 152
Verstoß 184
Verteidigungsministerium 162
verwittern 152
Villa Cura 78
Vivisektion 121
Volksvertreter *10*, *127*, 180
vollrotzen 157
vollschlank *24*, 28
von uns gegangen 169
von uns geschieden 26
vorbeugende Maßnahmen 163
Vordenker 136
Vorermittlung 121
Vorkommnisse 122
Vorruhestand *117*, 122
Vorsaison *73*
Vorsehung 28
Vorsichtsmaßnahme 122
Vorstoß *126*, 137
Vorteilsgewährung 122
Vorteils-Club, *Vorteils-Rabatt 56*
Vorteilsnahme 122

Vorwärtsverteidigung *65*, 163
Wachstum 190
Wagenpark 84
Wahlfreiheit 180
Wahlprognose 189
Wahlsieger *12*, 190
Wahnsinns- *12*, *27*, 82
wahrheitsliebend 180
wahrsagen 28
Waidblatt 152
Warteschleife *69*, 123
weiche Ziele 163
Weichenstellung 137
Weichmacher 82
Weiterbildung 114
weitläufige Anlage 44
Wellness 82
Weltmeister der Herzen 19
Weltstadt mit Herz 170
wenige Autominuten 146
Wer Arbeit sucht… 164
Werte- *83*, *123*, *127*
Wiesenhof 36
Wild Cat 72
wildromantische Lage *44*
Win-win-Situation 118
wir 83
Wir (Romantitel) 8
Wirtschaftsmediation 118

wissenschaftlich erwiesen 83
wohl 180
Wohlstandsgesellschaft 123
Wohnanlage mit Zukunft 149
Wohnpark *78, 84*
Wohnungs-Hit 67
Wolf von Asien 63
Wurzelbehandlung 123

Zahlenmystik 175
zentral gesteuert 44
zentrale Lage 44
Zertifikat 84
zerwirken 152
Zielwasser 158
zierlich 29
Zigarettchen 11, 18
Zitronensäure 41
Zobelkanin 84
Zugangsregelung 50, 61

zukunftsorientiert 181
Zumutbarkeit 50
Zumutbarkeitsregelung 97
Zusatzstoff 41
Zuzugsregelung *10*, 51
zweckmäßige Einrichtung 44
Zweidrittelgesellschaft 124
Zwischenlager 124, *9*
Zwischensaison 73